Why Are We Yelling?

The Art of
Productive Disagreement

意见不同，
也能
好好说

［美］　巴斯特·本森　著
（Buster Benson）

闻佳 — 译

中信出版集团｜北京

图书在版编目（CIP）数据

意见不同，也能好好说 /（美）巴斯特·本森著；
闻佳译 . -- 北京：中信出版社，2022.6
书名原文：Why Are We Yelling?: The Art of
Productive Disagreement
ISBN 978-7-5217-4248-0

I. ①意… II. ①巴… ②闻… III. ①人际关系学—
通俗读物 IV. ① C912.11-49

中国版本图书馆 CIP 数据核字（2022）第 070307 号

Why Are We Yelling?: The Art of Productive Disagreement
Buster Benson
Copyright © 2019 by 750 Words LLC.
All rights reserved including the right of reproduction in whole or in part in any form. This edition
published by arrangement with Portfolio, an imprint of Penguin Publishing Group, a division of Penguin
Random House LLC.
Simplified Chinese translation copyright © 2022 by CITIC Press Corporation
ALL RIGHTS RESERVED
本书仅限中国大陆地区发行销售

意见不同，也能好好说
著者：[美]巴斯特·本森
译者：闻佳
出版发行：中信出版集团股份有限公司
（北京市朝阳区惠新东街甲 4 号富盛大厦 2 座　邮编　100029）
承印者：北京盛通印刷股份有限公司

开本：880mm×1230mm　1/32　　印张：9　　　　字数：186 千字
版次：2022 年 6 月第 1 版　　　　印次：2022 年 6 月第 1 次印刷
京权图字：01-2020-1973　　　　　书号：ISBN 978-7-5217-4248-0
定价：68.00 元

致凯莉安、尼可和路易，

我和他们有着最愉快的分歧。

目　录

引言

为何我们不喜欢冲突？

野草就是没人爱过的花。[1]

——美国诗人埃拉·惠勒·威尔科克斯

一个男人在后院里叫骂不休。他的邻居无意中听到了吵闹声，便走到两家院子之间的矮栅栏跟前，询问是否一切都好。

"不！没有一件事是好的！"那男人怒喝着回答，紧接着又意识到自己不该对邻居发火，满心愧疚。他站起身，想摆脱愤怒的情绪。他手里握着一大把拔出来的杂草——蒲公英、旱叶草，还有当地其他品种的杂草，邻居猜想，这就是那男人愤怒的根源。男人朝自己的花园扬了扬头。"这些可恶的杂草！你是怎么把这些讨厌的东西挡在外面的？"

邻居看得出，尽管充满挫折感，但这个男人很看重自己的院子。一棵美丽的柠檬树靠着后墙边生长，各种各样的开花植物令人愉悦地点缀在院子各处，最终又引导人的视线回到柠檬树上。她说："我想你兴许用错了方法。这些植物有着又长又细的根，而且它们的鳞茎被拔断后会残留在土里。它们是狡猾的九头蛇怪：被砍掉一颗脑袋，又会长回来十二颗。"

图 0.1　难以根除的杂草

"啊！杂草是我现在最不想对付的东西！"男人说，"我没时间一根一根地把这些难缠的杂草拔出来。我整天工作，只想回家以后能看到一个漂亮的院子。"

"我可以教你怎么做。"邻居主动提议，"这也可以是件令人愉快的事儿。再说杂草也不全都是坏的，它们也会做好事。它们长长的根把养分带到土壤表面，下雨时还能使土壤更加稳固；它们的叶子可以做成很棒的沙拉配料。"

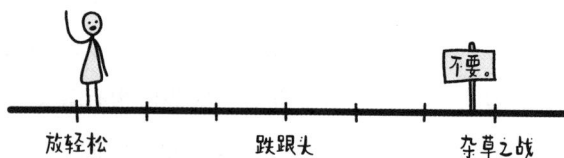

图 0.2　下班后的愿望

男人不以为然。"沙拉不对我的胃口，谢谢你主动帮忙，但不用了。我要继续按照我的法子来，接着去做更重要的事情。"他又拔出几株杂草，带着一股愤怒的力量（简直能让人联想起骑士挥剑屠龙）把它们扔进堆肥堆。"或许我该把整个院子一烧了之。"他低声嘟哝着大步走回屋里。

在花园里，我们不想见到杂草，同样，在思想上，我们不想跟人产生分歧，发生争论。分歧和杂草在很多方面很相似。它们在我们的花园和思想中发芽。往好了说，它们是讨厌的东西；往坏了说，它们是致命的敌人。我们不少人对待分歧就像这个男人对待杂草一样——认为它们是需要打败并加以摧毁的东西。

本书想要介绍的是富有成效地表达分歧意见，这需要我们转换思维模式，就像男人的邻居说的那样。为了开始理解它，我们先要消除一些关于"分歧到底是什么"的常见误解。

误解 1：分歧很糟糕

它们并不糟糕，但可能没有意义。没有人教我们怎样表达富有成效的分歧。

我们跟坚决要把自己叫起床的闹钟争论；我们跟磨损或者不再合身的衣服争论；我们跟自己的身体争论；我们跟宠物争论；我们跟差点儿绊倒自己的减速带争论；我们跟交通高峰期的车流

争论；我们跟自己的上司、老师和家长争论；我们跟电脑和技术争论；我们跟自己的亲朋好友争论；我们跟伴侣和孩子争论；我们跟电视争论；我们跟天空争论。我们甚至跟自己争论。就连睡着的时候，争论也会偷偷摸进我们的梦境。难怪我们会大吼大叫起来——这真令人喘不过气！

图 0.3 "我其实可友善了"

雪上加霜的是，每当我问人们对争论有何看法时，十个人里有九个都认为争论毫无意义。[2]

既然争论既不愉快又毫无意义，我们干吗要争论呢？

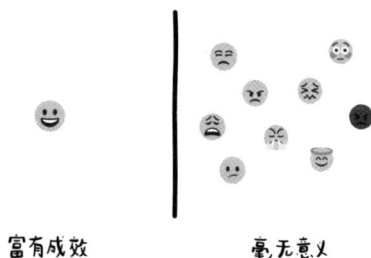

富有成效   毫无意义

图 0.4 我们争论的方式

尽管事后争论显得毫无意义，可在当时，难道你不觉得争论在所难免吗？一点儿也不假：在事发当时，争论为我们执行了一项关键（却不受重视）的任务——提醒我们一件重要的东西（可能是个人的偏好、对达成共同目标的最优策略的直觉，抑或是我们的核心价值观）正受到威胁。这种濒危的感觉引发了强烈的情绪。我们常常能注意到并抑制情绪的累积，等待更好的时机，要么就告诉自己，这不值得我们耗费精力。我们还建议其他人理智地选择是否战斗，尽全力维护内心的平和。但要是我们总把挫败感埋得太深，我们就会以为陷入挫败都是自己的错，因此而痛苦自责。如果我们这么做，争论的频率固然会降低，但持续的低度焦虑会慢慢侵蚀我们的身心健康。如今，美国有 1/5 的成年人患有某种形式的焦虑障碍 [3]，3 种绝望相关因素（自杀、服药过量、酒精相关疾病）导致死亡的比例在过去 10 年里不断增大 [4]，美国人的平均寿命数十年来首次走低。逃避负面情绪并不能让它们消失，它们总会找机会出现——哪怕这样会把我们害得不轻。

　　我们需要杂草，我们同样需要争论。著名的婚姻研究专家约翰·戈特曼博士说，一段没有冲突的感情，就是一段缺乏沟通的感情，注定会失败。每当两个或两个以上的人站在自己特有的角度讨论事情时，不可避免会发生冲突。争论，标志着这段感情的基础土壤是健康的。（戈特曼推荐正面沟通和负面沟通的比率应为 5：1，这确保了争论保持双向流动——因此能在不产生压倒性负面影响的情况下得到解决。[5]）

不足　　　　　　　刚刚好　　　　　　　过多

图 0.5　不同比例的争论

　　我们大多数人从未学过怎样争论，怎样表达分歧。从来没人教过我们怎样驾驭负面的沟通，好让我们承认负面因素，强化正面因素。好在这是一个可以解决的问题，我们可以学习这项技能。

　　在此之前，我必须做一番自我介绍：我是怎么迷上"富有成效的分歧"这一主题的，为什么各位应该听我来阐释。每隔几年，妈妈就会问我到底是做什么为生的，而我总是很难解释清楚。过去 20 年，我以创业家、工程师和项目领导的身份，在亚马逊、Twitter（推特）和 Slack 等高知名度、高速增长的科技初创企业工作。我要跟工程师、设计师、市场营销人员、研究人员、数据分析师、客户支持代表、商业领袖和客户合作共事——他们每个人都有不同的问题，不同的焦虑冲突，不同的追求动机，以及衡量成功的不同标准。我的工作基本上就是在不断变化的制约条件下，帮忙促成有意义且富有成效的合作。与此同时，我一直在研究认知偏差、逻辑谬误和系统思维，并将所学应用到我的工作当中。2016 年，我发表了一篇名为《认知偏差列表》（Cognitive

Bias Cheat Sheet）的文章 [6]，对 200 多种认知偏差做了分析和简化。这篇文章在网上疯狂传播，世界各地的学者和研究人员都将其采纳为一种重塑认知偏差的方式。与其将这些认知偏差视为"心智漏洞"而不屑一顾，我们不如应该相信人类的大脑采用这些思维捷径是有充分理由的。在一个信息过载、时间和注意力稀缺的世界里，它们持续帮助我们把事情做完。与其与这些认知偏差对抗，不如将我们的经历用在培养诚实的认知偏差上，也就是说，接受我们自己的局限性，并始终保持开放的心态来对待那些能证明我们的思维存在盲点的证据。

过去几年，我通过网络和面对面的方式做了大量实验，用来检验现有的认知偏差和沟通习惯理论，以及管理这些认知偏差的更优策略。这些研究说服了我：富有成效地表达分歧是任何人都能掌握的最重要的元技能。

当我看到人们太过礼貌、回避冲突的时候，我会比看到冲突浮出水面、为众人所知晓时更担忧。隐藏分歧比暴露分歧糟糕得多。《绝对坦率》的作者金·斯科特把这种维持友好的冲动叫作"毁灭性的同理心" [7]，因为它引发的问题远比解决的问题多。它是不折不扣真正存在的，而且已经开始在我们的企业中、餐桌上，甚至我们自己的脑袋里扎根。每当人们对某件事特别在乎，但出于文化和性格方面的原因又觉得最好不要直接和他人发生冲突时，便会发生这种情况。

争论是团队健康的标志而非病态的表现，允许富有成效地表达分歧和不满的文化，更有可能造就成功的关系、企业和社群。

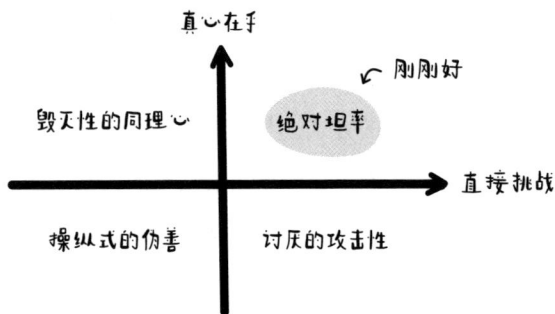

图 0.6 在乎与挑战的关系坐标图

惊人的真相：当必要的分歧爆发且获得重视时，人们会更快乐，团队的运转也会更高效。

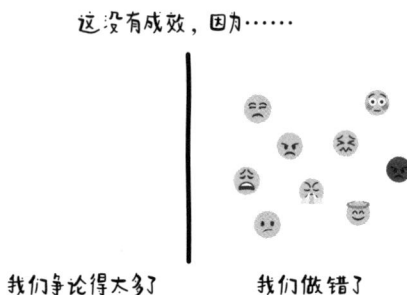

图 0.7 争论没有成效的原因

所有的争论都一样吗？当然不是。下面我们要像解剖青蛙一样，把争论剖开，看看里面有些什么。我们不能一刀切地说所有争论都不好，就像我们不能说所有的青蛙都有棕色的眼睛一样。

棕色或许是最常见的，但这种说法否定了多样性，同时也妨碍了我们进行进一步的审视。

图 0.8　眼睛颜色和瞳孔形状各异的青蛙

趣味知识点：青蛙的眼睛颜色各异，有红色、橙色、黄色，甚至亮铜色、古铜色、银色、金色。大多数青蛙和蟾蜍的瞳孔是水平的，但也有一些是垂直的，还有一些种类的青蛙的瞳孔是圆形、三角形、心形、沙漏形或钻石形的。只要摆脱对青蛙眼睛的刻板印象，你就会发现种种奇妙的多样性。争论也是如此。

展开自己单一维度的认识，我们会发现，出于同样的原因，诸如"争论好"或"争论坏"这样的简单概括并不充分：它掩盖了仔细审视争论所揭示的惊人多样性。让我们先把争论分为富有成效的和没有成效的这两种。当争论结束时，我们对将要发生的事情有了更好的理解，或对接下来要做的事情有了更好的计划，这便不仅抵消了争论带来的消极情绪，还让情绪变得积极了起来！

通过分类，我们可以提出更好的问题。是什么让争论富有成效呢？我怎样才能使自己的争论更有成效？一如对待任何艺术品，我们可以带着好奇心研究这个主题，学会以新的方式看待它们。让我们从小处着手，忘掉此前对分歧和争论的认识。

误解 2：争论可以改变他人的想法

我们只能改变两件事：我们自己的想法和行为。

什么是分歧呢？用最简单的话来说，分歧是两种观点之间不可接受的差异，它们充斥着我们生活的每个角落。

来自日常生活的例子：

> 有人突然冲进来，抢占了你耐心等了颇久的停车位。
>
> 你不小心睡过了头，于是责怪伴侣太早关掉了闹钟。
>
> 你打电话给零售商，投诉刚买的裤子就裂了缝，你想要退款。

来自网络对话的例子：

> 你的姑妈为一个被控性行为失检的名人辩解，你认为，站出来指证此人的人太多了，这人不可能是无辜的。

图 0.9 各种各样的分歧

你朋友的 Facebook（脸书）主页上爆发了一场争论，内容是戴某种帽子会不会让人变成种族主义者。

你觉得朋友圈里分享的照片看上去像一条缀有金色蕾丝的白裙子，而其他人认为它似乎更像是一条缀有黑色蕾丝的蓝裙子。

来自神话和虚构作品的例子：

萨姆坚持让脾气暴躁的朋友吃些绿鸡蛋和火腿①，而朋友一点儿也不想吃。可萨姆就是想要他们吃。[8]

宙斯把普罗米修斯锁在悬崖上，让一只巨鹰每天啄食他的肝脏，又让它每天再长出来，因为宙斯认为普罗米修斯不应该把火送给人类当礼物。[9]

电影《星球大战》中达斯·维达希望卢克·天行者加入自己，结束破坏性的冲突，恢复银河系的秩序。卢克拒绝了这个提议。[10]

来自政治的例子：

你认为应该对富人增税，而你的父母认为应该对所有人征收统一税。

你认为每个人都有必要获得免费的大学教育，而参议员认为联邦政府应该只为有资格申请贷款的人支付学费。

---

① 《绿鸡蛋和火腿》(*Green Eggs and Ham*) 是知名英文儿童绘本。——编者注

你投票给候选人 A，因为你认为他更有可能在大选中获胜，而你的朋友投票给候选人 B，因为他们认为 B 在当选后会做得更好。

来自你内心独白的例子：

你觉得自己不应该吃第三块比萨，但你非常喜欢吃奶酪。
你想买一辆新车，但你也想存钱。
你希望天气阳光明媚，但又想围上你刚买的新围巾。

————

我们从不同的角度得出同一个结论：解决分歧的最好方法是改变某人的观点。如果观点没有差异，分歧自然就会消失。那么，哪一方愿意主动退让呢？

在我们对分歧的定义（两种观点之间不可接受的差异）中，关键词不是"差异"，而是"不可接受"。一旦观点之间的差异大到不可接受，我们的动机就会从理解对方转向改变对方，而这种转变造就了一个充满麻烦的世界。

我们可以改变自己的想法和行为，可一旦涉及改变他人，我们的选择就受到了限制，结果也可能大相径庭。有时候，我们试图改变他人想法的努力实际上会产生相反的效果，让他人更加坚定地秉持当前的想法。这叫作逆火效应。

说服他人的尝试往往适得其反。

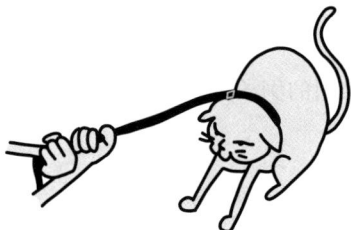

图 0.10 逆火效应

例如：

- 你有两个好朋友开始约会。后来，两人分手，朋友之一
  要求你不再跟另一个朋友保持友谊。逆火效应或许会让
  你偏向另一个朋友，甚至更加同情他。
- 你的老板告诉你，为了在工作中保持敏锐，你必须在周
  末工作，下班后也不能喝酒或抽烟。逆火效应或许会让
  你抽更多烟、喝更多酒。
- 你的哥哥支持的球队，跟你从小支持的球队是死对头。你
  哥哥支持的球队赢了，他挖苦你说，你不应该再支持你
  心爱的球队。逆火效应或许会让你出门购买更多该球队
  的物品，并在下次见到哥哥的时候大张旗鼓地展示出来。

为什么会发生这种事情呢？所有这些因逆火效应而出现的行

为有一个共同点：我们感觉它们干涉了个人自由，不可接受。评判分手的责任出在哪位朋友身上，要不要沉溺于香烟和酒精，或者想支持哪一支球队，对于这些事，我们并不执着。然而在一件事上，我们都有一个强烈的信念：他人不应该为上述情形向我们提出要求。如果他人冒犯了这一深层的核心价值观，那就会激发强烈的逆火效应。

在古希腊神话里，厄里斯是掌管不和、混乱和痛苦的女神[11]，她告诉我们，如果试图改变他人的想法，那我们会惹上多大的麻烦。

图 0.11　厄里斯

奥林匹斯山上的众神都受邀参加忒提丝和佩琉斯的婚礼，厄里斯却没收到邀请，她勃然大怒。什么？他们不想让她带着混乱、痛苦与不和毁掉他们的美好时光？坦白地说，我觉得这是个很公正的理由，但厄里斯不这么想。"我的确是不和女神，但这又不是我的错！"宙斯拒绝改变主意，厄里斯决定让他看看混乱、痛苦与不和到底是什么样子的。(典型的逆火效应:宙斯想限制厄里斯的自由,但反倒让事态升级了。希腊诸神尽管威力强大,但似乎非常不擅长处理分歧。)

厄里斯溜进婚礼现场,朝人群扔出一个刻有"献给最美的人"字样的金苹果。(现在,轮到厄里斯想要改变宙斯"永远不邀请她参加婚礼"的心意了。)

图 0.12 不和的金苹果

显然,奥林匹斯山上的每一位女神都想要获得最美头衔(那时候,希腊众神并没有料到日后会出现"选美是一种性别歧视"的观念)。宙斯知道这件事可能会使现场乱作一团,他想起害羞的牧羊人帕里斯应该是这片土地上最公正的法官,便指派他来做定夺。

由于现场只有一个苹果,也没人想到要给一大堆苹果都刻上字来避免这场闹剧,女神们之间发生了激烈的争执。如果她们的目标是让帕里斯给出诚实公正的意见,那她们大可直接问他。但情况恰恰相反,一众女神各自设计了最大胆、最狂野的贿赂手段,好让帕里斯偏向自己。

图 0.13 女神们的贿赂手段

帕里斯权衡了一下，裁断阿佛洛狄忒是最美丽的女神，因为她给出了最棒的贿赂。这就是说服的运作方式……它迥然有别于富有成效地表达分歧。说服是通过一连串的激励、奖励，有时甚至是威胁，以求获得一个有利于自己的决定。阿佛洛狄忒"赢得"了这场争论，是因为她许诺要把特洛伊的美女海伦的心许给帕里斯，但这种"胜利"真的意味着她最美吗？谁也说不清。除此之外，还发生了一件"小事"，那就是特洛伊战争因此爆发，这场战争持续了几十年，最终导致特洛伊城的覆灭。而这一切，只是为了说服宙斯——或者，如果我们再往回追溯，一切只是因为厄里斯试图改变宙斯拒绝邀请她参加婚礼的主意。分歧累积到足够多的话，可能会造成相当大的破坏。到那一天结束的时候，没有人改变主意，每件事都适得其反，厄里斯会带来不和、混乱和痛苦的名声，再次得到了在场每一个人的确认。

我们可以从这个故事里吸取什么教训吗？当我们想方设法借助任何可以使用的手段（包括劝说、贿赂、威胁和其他暴力手段）来"赢得"争论时，我们最终并不会得到期待的结果。充其量可以说，阿佛洛狄忒得到了那颗毫无意义的苹果，厄里斯复了仇，然而下一天、下个月和下一年的分歧，在表面之下的过度怨恨中永远扎下了根。

改变想法真的很难。这个世界上只有一种想法，你可以靠着几分运气加以改变，那就是你自己的想法。回想一下你最近一次改变想法的情形：你是来了个 180 度的大转变，还是逐渐改变的呢？

想法与其说是一块大石头，不如说是千百万块小石头堆成的石头堆。要改变想法，我们需要把成千上万块小石头一次一块地从一堆搬到另一堆。这是因为，我们的大脑不知道怎样在一次信息量大的输入中重新构建一个完整的信念。新的神经元路径无法形成得那么快。在单独的一次谈话中，你或许能让别人想法的一小部分重新连接到一个新的信念上，但完整的思想是以不可预测的方式慢慢改变的。你一不留神，说不定就会把它改到错误的方向上。

即使在"决定"改变想法以后，我们也仍然倾向于继续保持原先的观点。这就是所谓的"持续影响效应"，它是两百多种认知偏差中的一种。这些认知偏差微妙地影响着我们的思考方式，我们将在第 3 章详细讨论。

如果不能改变想法，至少我们可以改变人们的行为，对吧？改变别人的行为是有可能的，尤其是动用武力。但这同样很容易引发逆火效应，只不过它来得不那么明显。厄里斯会受邀参加下一场盛大婚礼吗？可能性不大！下一次再有人问谁是最美的女神，阿佛洛狄忒还能获得这个称号吗？不会——除非你想再让一座城市沦陷。同样地，如果我贿赂儿子，许诺他可以在电子设备的屏幕前花更长时间，但交换条件是他打扫房间，他心中真的就会发展出清洁的美德和个人责任感吗？不会。将来没人提醒，他也会主动打扫房间吗？不会。如果你强迫员工在规定时间上班、按规定的时长工作，他们会把任务完成得更好吗？商店的忠诚计划会让顾客更忠诚吗？违反法律的公司所受到的处罚能让它们下一次更遵守法律吗？不会，不会，完全不会。

好吧。如果我们不能改变想法，改变行为也靠不住，那还有什么出路呢？第一步是承认逆火效应，密切关注分歧的长短周期，看看它们在可见和无形的世界里怎样演变。

如果你在自己的生活中看到这样的模式——问题出现了，你给予它们一记重击，它们消失了，接着不知怎么回事，它们又神奇地出现了，那么别骗自己了，别想着这些杂草过半年就会自己消失。它们只是暂时藏到了地下，为下一季的生长蓄积力量。

图 0.14 问题像杂草一样出现、消失又出现

———

　　不出所料，翌年春天，那个男人的院子里再次杂草丛生。这一次，他没有拒绝邻居的建议，而是主动去请教，邻居也答应过来评估一下情况。

　　一开始，邻居说："杂草也是植物，只不过，我们不乐意在自己的院子里种植它们。如果你看看它们有什么益处，它们其实能让你院子的生态系统变得更健康。别老想着消灭它们，要把它们想成很容易养活的植物。"

　　邻居接着说："我们应该把花园看成一套鲜活的生态系统，它包含杂草，也得益于杂草，并非只有根除了杂草才算健康。你哪怕不喜欢杂草的根茎，也可以把它们拔出来，感谢它们的效劳，并用杂草的叶子、茎秆和花堆肥，这样一来，虽说它们死了，但它们还可以为你院子里的其他植物提供养分。它们是维持表层土壤最廉价的工具！"

　　"哇！真是颠覆认知，但好吧。"男子停顿片刻，接着问，"我还是拿不准，我怎么能容许院子里长杂草呢？对我来说，没有杂草的院子实在是太棒了——我能节省很多时间。为什么有人会希望杂草更多一些呢？"

　　"这与希望杂草多些少些没关系。"邻居说，"看看我的院子。杂草比你家少，尽管我没花你那么多时间拔草。我在院子里劳动的时候，会时常思考明年想要栽种哪些植物，哪些植物是我可以彻底挖掉好为其他东西腾出空间的。这就需要经常理解地面之下发生的事情，虽说我没法儿直接看到它。而你每年只出来一次，在院子里度过和杂草对峙的几个星期，其间咬牙切齿，举起拳头，大骂脏话。"

"我来自一个……吵吵闹闹的家庭。我父亲也这样。很抱歉。"

"没必要道歉。毕竟我们是因为这件事才见面的，不是吗？不管怎么说，我喜欢一年到头时不时花少许时间在院子里，琢磨琢磨杂草、园艺作物、昆虫、其他小动物和泥土。即使在看不到杂草的时候，我也知道它们还在那儿，蛰伏在土壤里。我期待，甚至欢迎它们明年春天再出来。这不是一场战斗，因为我们都身处其中：杂草、园艺作物、动物、园丁、花园、云彩和星星。"

"好吧好吧，你把我说服了！"他们笑了，然后邻居花了几个小时研究、梳理男人后院里植物、泥土和自然之间上演的恢宏大戏。

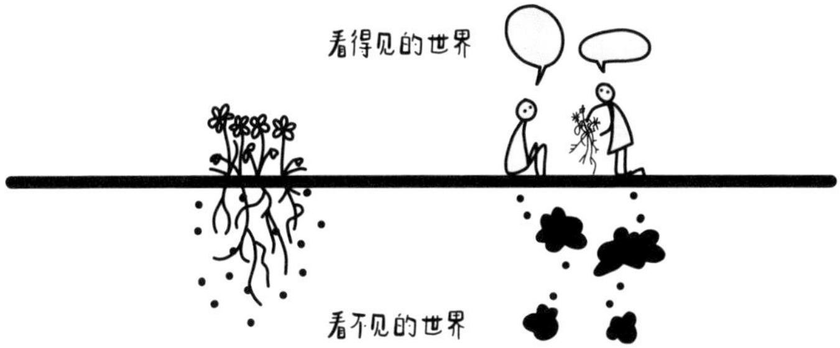

图 0.15 院子里的两个世界

误解 3：争论会消失

争论有深深的根脉，总能找到卷土重来的法门。

以上关于杂草的故事并不完全出自虚构。凯莉安和我在结婚后的最初 6 年里搬过 5 次家，2014 年，我们在加利福尼亚的伯克利买了一栋房子，打算在这儿扎根稍微久一些。我们的大儿子尼可当时 4 岁，我们希望他能在同一个地方稳定地升学，并且机会合适的话交到一些朋友。

直到第二年春天到来，我们才意识到，还有些东西也决定在我们的土地上扎根：这是一种会开出可爱黄色小花的植物，名叫酢浆草，也叫酸草。我敢肯定这是厄里斯最喜欢的花。

第一次把它们清除干净时，我们以为可以一劳永逸。但事实证明，我们太天真了，酢浆草的打扰是永无止境的。你拔掉的每一株酢浆草都会留下一打或更多的小鳞茎，静静等待来年长出新的植株。刚当上新业主的我们兴奋地安顿下来，在后院干活儿时，这些黄色小花变成了我们的噩梦。我们怎样才能摆脱它们呢？我变得走到哪儿都会不由自主地注意到它们的身影，还开始根据院子里长着多少酢浆草来对邻居评头论足。

未年的
问题

图 0.16　酢浆草

　　每一段关系都像一座花园，而每一座花园里都有杂草。争论是我们关系中的小小杂草，围绕着我们有意种下的东西生长。有些争论看起来并没有那么糟糕，而且出现时很容易解决；有些争论则丑陋到你决定对它们动用炸弹，于是院子里的那块地就如同焦土一般遭到永久的废弃。但不管怎样，杂草总是会随着时间的前进重新长出来，哪怕我们试图一劳永逸地除掉它们。

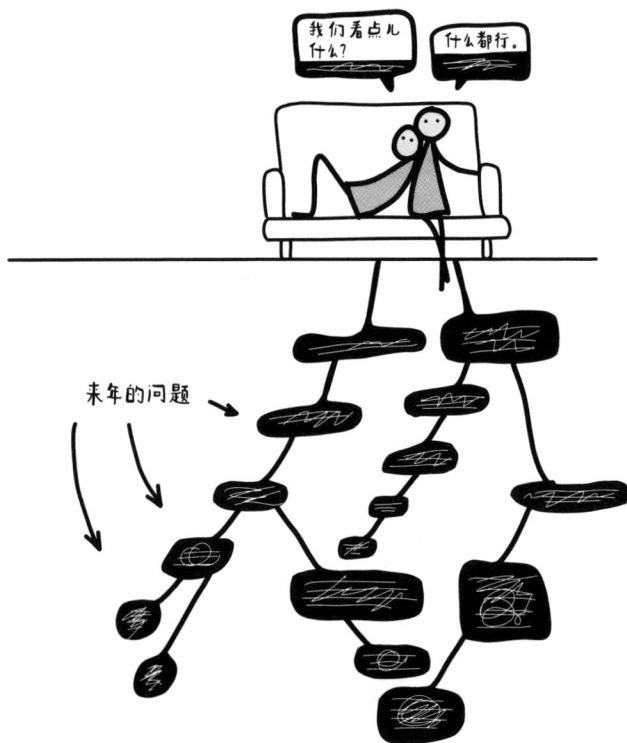

图 0.17 分歧在人际关系中的出现

　　不光我们发生过的争论是这样的，我们没发生过的争论也是这样的。

　　争论不会消失，因为它们有着很长很长的根脉。它们有可能从现实的表面消失，但它们只是藏起来了而已。在一段关系中，我们必须定期做出一些妥协，以弥合我们不同的品味和偏好之间的差距。大概没有什么策略能帮我们彻底地把对方的品味和偏好"扭转"到我们自己这头来。如果你认真地思考这一点，那它再明显不过了，但要是你用"这对我有什么意义"的思路去解决"有什么正确的做法来平衡我俩的偏好"之类的分歧，你就很容易卡在错误的道路上。为了弄清楚我们到底在争论什么，不妨先来讨论三个不同的分歧领域：头、心和手。

图 0.18 对话中的分歧

头、心和手

要想使分歧有意义、有成效，最简单的方法就是记得问对方："这个问题的关键在于真实性、意义，还是用处？"换句话说，这个分歧是关于头、关于心，还是关于手的？如果你们的答案一致，那么就可以继续沟通了。

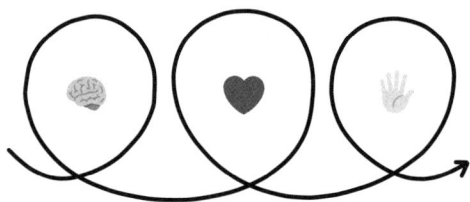

图 0.19 头、心和手

当我们和某人产生分歧时，留心我们正在体验的领域非常有必要。这三个领域分别是：关于真实性的焦虑（头的领域：信息和科学）；关于意义的焦虑（心的领域：偏好和价值观）；关于用处的焦虑（手的领域：可行性和规划）。它们各自代表现实的一部分，在对话中有不同的验证规则和含义。在一个领域能发挥作用的分歧解决办法，在另外两个领域则未必有效果。

头的领域：什么是真的？

如果一个分歧可以用信息来解决，我们就称其为头的冲突，因为它的要害是可以在现实世界里被校验真假的数据和证据。它通常与"是什么"有关。

例如：两人争论谁花了更长时间看自己喜欢的节目而非对方喜欢的节目。解决这一分歧的关键是，测量两人最近几天的看节目时长。

♥ 心的领域：什么有意义？

如果分歧只能通过个人品味来解决，我们就称其为心的冲突，因为它关乎个人的喜好、价值观和判断力，而这些只能由自己来决定。它通常与"为什么"有关。

例如：两个人在争论某个节目是否值得一看。解决这一分歧的关键是，个人品味、联想能力，以及对不同叙事方式的鉴赏力。

手的领域：什么有用？

如果分歧只能通过某种形式的检验或等待将来事态的发展来解决，我们就称其为手的冲突。它通常与"怎么样"有关。

例如：两个人就平衡各自看电视的时间的最佳方式进行了争论，为此，他们考虑了偏好的不同、节目安排的不同和个人安排的不同，希望做出双方都认同的安排。解决这一分歧的关键是，它在双方关系中能发挥多长时间的效果。

分歧总是至少涉及三种冲突之一，但有些分歧混合了上述两种或三种冲突。如果碰到这样的情况，问问"它跟什么有关"可以帮助我们区分不同的争论，并且很容易就应该先处理哪种争论达成共识。

还有一个问题需要指出。有时候，我们认为自己与某人意见不一致，却没有意识到我们实际上是在与自身恐惧和胡思乱想的投射（还有我们最害怕的东西）在争论。跟投射很难展开富有成效的争论，因为它总是符合我们最严苛的刻板印象。它总是按照我们的预期行事，它的任务就是落实我们最严苛的刻板印象。与投射争论的解药是，知道你所反对的是谁，保证对方是一个在跟你对话的真正的人，然后听取其观点，而不是把你想说的话硬塞到对方嘴里。

如果你发现你是在跟自己的投射争论，那你最好还是坐下来，因为争论将持续很长时间。

图 0.20 与自己的投射争论

如今，凯莉安和我在这栋房子里已经住了 5 年，霸占我们院子的可恶酢浆草的确减少了，但更重要的是，每年春天，当酢浆草在院子里发芽的时候，我学会了欢迎它们。它们会开出漂亮的黄色花朵。我们的孩子喜欢它们，因为它们可以吃，味道还不赖。当然，我们的本能仍然是一看到这种植物就立刻把它们拔出来，但现在，我们会带着一丝惺惺相惜的敬意完成这项任务，因为它们跟我们一样，都热情地向往着在阳光明媚的大地上扎根。如今，这场争论属于手的领域了，它不会结束，相反，它开启了一场开放对话，陪伴着我们度过一年四季。

等你学会理解争论如何在我们跟他人及自己的关系里深深扎根和反复出现时，你才可能把它们视为伙伴而非敌人，保持混乱和秩序的有益平衡。

分歧的馈赠

> 真相1：争论不是坏事。它们暴露了需要我们关注的议题。
>
> 真相2：争论不是为了改变想法。它们的目的是把想法聚集到一起。
>
> 真相3：争论不会消失。它们有深深的根脉，会一次又一次地冒出来，要我们投入其中。

为什么我们觉得争论讨厌，这很容易理解。我们没时间对付这些破事！没有争执地过完一个星期，哪怕一天，都令人无比轻松、快乐。我们怎么会想要更多的分歧呢？

处理得当的话，争论是机会。建设性的分歧，配得上你的期待而非恐惧。它能带来互惠互利的结果。

富有成效的分歧会结出果实：它消除了威胁，降低了风险，促成了交易，做出了决定，结出了安全之果；它揭示了关于世界或彼此的新信息，让我们更深刻地看到和理解现实，结出了成长之果；它让我们聚到一起，带给我们彼此建立信任的机会，结出了联系之果；它教我们用合作的心态行事，强调好玩、冒险、趣味甚至敬畏，结出了快乐之果。

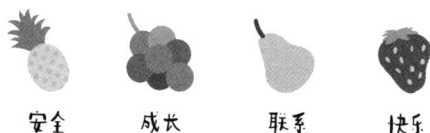

安全　成长　联系　快乐

图 0.21　富有成效的分歧结出的果实

我们都碰到过良性的争执、冲突和分歧（不管你想怎么称呼它们），结束时我们共同进步而非相互毁灭。它们常常令人感到惊讶，因为我们从不期待这类事情能结出硕果。在谈到富有成效的分歧时，学会怎样增加这种惊喜的出现概率，就是我们所说的艺术。

这种视角需要时间才能展开。但一如前面那位邻居所说，这不是一个希望碰到更多或更少分歧的问题，因为我们在这件事上其实并没有选择的余地。假设人类势必纠缠在一起，那我们怎样才能好好相处呢？

如今，创建富有成效的争论这门艺术有各种实际的应用场景。我们的世界正变得越来越两极分化，哪怕是看上去最冷静的禅宗大师也有极限。

图 0.22 禅宁大师也有极限

本书剩下的部分将带你梳理创建富有成效的争论的"方法"，向你介绍值得尝试的 8 种有关对话的习惯和事物，它们能帮助你把令人沮丧的战斗变成富有成效的愉快交流。我想告诉你，练习这门艺术，你能获得 3 种超能力，它们会极大地影响你的日常生活。

1. 分歧不再令你沮丧。你感觉它们不再像死胡同，而更像进入未探索领域的大门。你将学会在看似走投无路的时候，识别出保持开放对话的途径。
2. 你最终能减少重复的分歧，不是因为你回避了它们或是抑制了它们，而是因为你有能力结束那些不断把同样的分歧一次次送回你生活的循环。你将学会把分歧连根拔起。

3. 世界会变得更宽广，因为你不会排斥各种站在分歧另一边的有趣对话、想法、人和机会。你会发现，你变得更乐于与多年不曾接触的人和想法打交道。你会发现，对立的观点从内部看很不一样，但却并不像你通过从外部观察所预测的那么糟糕。

解决分歧，是一种沟通元技能

有人把创建富有成效的争论叫作"元技能"，我称它为超能力，因为这种技能能够提升你其他所有的技能。

它的地位等同于阅读、写作或批判性思考。对元技能的投资极为重要，因为只要你在富有成效地争论方面做得稍微好一点儿（例如，哪怕稍微好5%～10%），你的生活就会改善50%～100%。之所以如此，是因为你在生活中扮演的每一个角色，都需要沟通和处理分歧的能力。如果你能学会在扮演不同角色时富有成效地展开争论，你就将成为更好的朋友、更能干的同事、更忠诚的伴侣、更主动的家庭成员，甚至更卓有成效的世界公民。说它是一种超能力，是因为这兴许是你可以着手锻炼的投资回报率最高的一项技能。很少有人获得过系统性的指导，因此，大家有很大的发展空间。

如果你对富有成效地争论还持观望态度，很正常。观望态度很安全。实际上，你现在就可以环顾四周，看看大多数人是怎样把大部分人生消耗在骑墙观望上，等着弄明白自己应该做什么、什么时候做的。愤世嫉俗、徒劳无果和沮丧挫折不只令人不快，更是我们熟悉的魔鬼。不过，在你安于骑墙之前，我要再告诉你一件事，它兴许有助于让你主动跳下墙，选定自己的立场。

你拥有的选项不是隐藏情绪和表露情绪。它更像是《星球大战5：帝国反击战》中达斯·维达给卢克·天行者的选择："我们可以结束这场破坏性的冲突，为银河系带去秩序。"听起来似乎颇具诱惑力，对吧？在达斯·维达的帝国愿景里，所谓秩序，就是建立一套牢不可破的权力等级制度，他们两人站在最高处，把其他所有人踩在脚下。隐藏情绪或许能结束冲突、带来秩序，但它做到这一点靠的是压抑真正的自我，而真正的自我会以焦虑、绝望和皮肤苍白、皱纹密布（如果你跟黑暗面混到一起）等隐秘的形式重新浮到表面上。千万别这么做！不要向绝望屈服。还有一条既非完全混乱也并非秩序十足的道路可选：如果戈特曼博士开出的药方没错，那么我们可以把目标定为83%的秩序和17%的混乱。要想让人际关系和对话变得富有成效，不光需要秩序，也需要混乱。

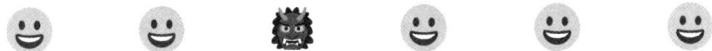

图 0.23　83% 的秩序和 17% 的混乱

总而言之，从有序和混乱中找到平衡，就是本书教给你的第一课。至少，它会像是那只有放射性的蜘蛛，咬你一口，让你重组精神 DNA（脱氧核糖核酸），获得超能力。至于设计超级英雄打扮、想出朗朗上口的口头禅，这一切还得靠你自己。

如何阅读本书

在本书中，你将学习哪些内容呢？我们现在简单梳理一下。

在第 1 章，你将学习观察焦虑是怎样在你脑海里启动的，又是怎样充当指向你最重要的个人信念和期望的路标的。

图 0.24　一开始，地图会乱糟糟的，但随着我们的前进，它会愈加清晰

在第 2 章，你将学习怎样区分不同的内心声音，它们会影响对待分歧的方法。我们将以疫苗接种这样一个存在两极观点的问题为例，来揭示怎样从非黑即白的阐释转换到有着更多角度、更高包容度和灰色地带的阐释，展开富有成效的对话。

在第 3 章，你会看到认知偏差怎样让分歧变得复杂，进而使我们不能完全公平地做出决定（如招聘决定），然后，你将学习在这些局面下可以做些什么来减少认知偏差造成的损害。

在第 4 章，你将学习怎样识别出伪装成聪明观点的推测、刻板印象和过度简化。我举了一个自己跟好友讨论政治的例子，借此说明清晰地表达自己内心所想和对别人的想法妄加揣测之间能够产生巨大的差异：破坏亲密关系，或者巩固亲密关系。

在第 5 章，你将了解到提出能带来意外答案的问题的力量。我将阐述问题怎样把对话引导到原本很可能会错过的有着洞见力的新地方。

在第 6 章，你将了解为什么我们需要在团队里加入跟自己意见相左的人。我会分享一个关于多次尝试讨论枪支暴力和枪支管制提案的故事，以揭示在共同构建争论的时候，我们的分歧怎样产生成效。

在第 7 章，你将了解我们产生分歧的物理空间和媒介对分歧的结果有什么样的影响。我将借助这一透镜，剖析一场关于移民执法的激烈分歧，来让你明白，为什么有必要营造一个期待甚至鼓励人们提出不同意见的中立空间。

在第 8 章，我们将探讨为什么要允许在部分人认为太过危险、连提都不能提的主题上存在分歧，以及为什么这么做很重要。

在本书最后，我按照对各章节贡献最大的顺序，列出了一些我推荐的延伸阅读资料。

就像普罗米修斯的火种所带来的馈赠，分歧的馈赠在本质上不见得是好事，必须把它们跟我们的价值观体系放在一起来斟酌。在我们现在进行的种种激烈对话的背景下，从来没有人传授过争论与分歧的馈赠。我们参与也放大了许多无益的争论，因此，我们必须为它们所造成的连带损害承担责任。我们无法避免分歧，一如我们避不开杂草，我们越是试图从世界上消除冲突，就越是把冲突推进阴影，而冲突则会在阴影里变得愈加强大，只等着下一次卷土重来。

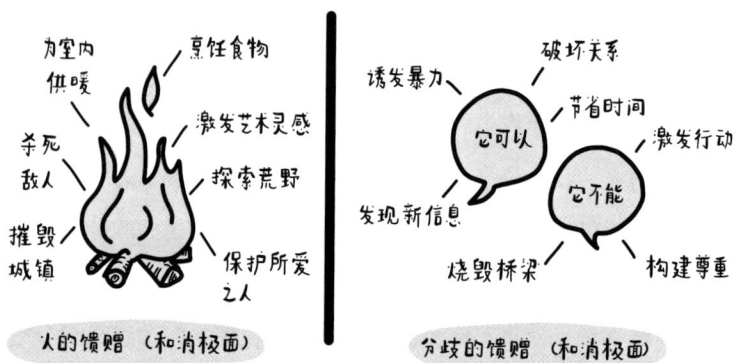

图 0.25 火和分歧各自的馈赠（和消极面）

前进的道路应该很明确了。我们必须走进分歧的中心，怀着承认它、欣赏它的意图与它合作，创造我们希望在此生活的世界。我邀请你们接受这一冒险的呼吁，这是我们迎接当今所有全新挑战必不可少的全新责任。

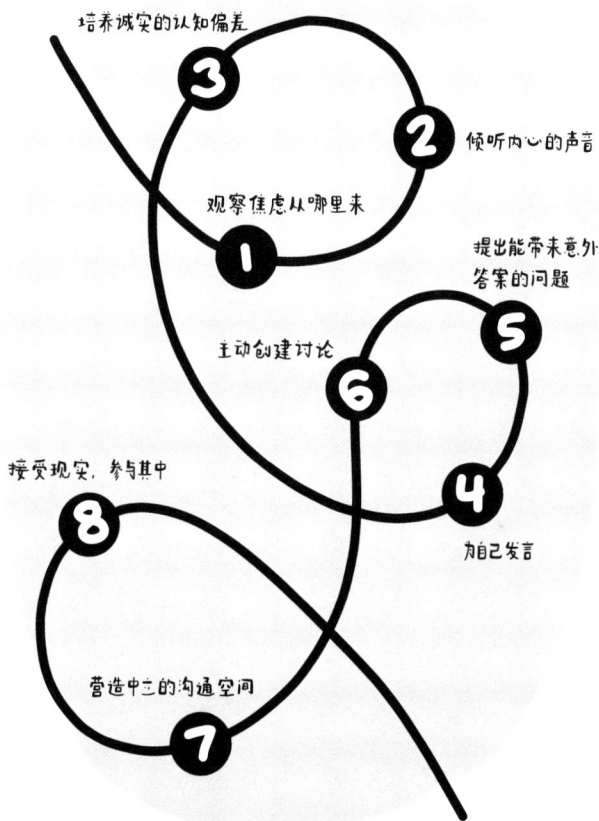

图 0.26 8 件值得尝试的事——通向创建富有成效的争论的艺术之路

1

观察焦虑从哪里来

焦虑

是指明

我们的个人信念和

期望的路标。

你有过这样的经历吗？你正在家里忙着，周围的东西有点儿乱。你从桌子上拿起当天早些时候买的盖着盖子的咖啡杯，喝了一大口。但你猛然意识到，这是一个星期前忘了扔掉的旧杯子，此时一切已经太迟了。口腔里充斥着某种恶心得没法儿想象的东西，你反胃得把变质的咖啡吐得全身都是。与知识性的争论不同，体验可以立刻永久性地改变你对一件事的想法。

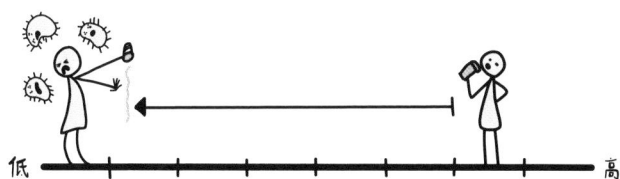

图 1.1 喝咖啡的意愿

就算你没有误喝过变质的咖啡，这个故事兴许也会激发你内心一定程度的焦虑和厌恶。我们大多数人往往不记得这些焦虑，更不会为它们赋予意义。但我们应该这么做，因为这些焦虑是炽热的路标，能告知我们某种重要的东西受到了威胁。这些路标在我们的人生经历中有着独特之处，整体而言，它们构成了一幅地图，指明了我们对这个世界的个人期待、希望、梦想、失望。

常见的焦虑触发因素

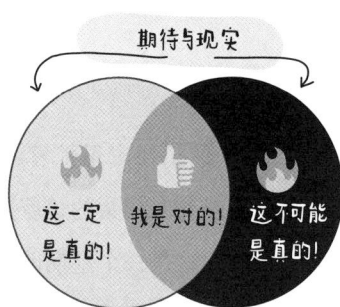

图 1.2 期待与现实相交

如果出现下列情形，期待就会变得与现实不符：

- 有人说，他们讨厌一部你超级喜欢的电影（或一本书、一首歌）。

- 你在某件事上投入了大量的精力，最终却失败了。

- 你得知了一个惊人的家庭秘密，同时又发现自己是最后一个被告知的。

- 你的某条基本信念受到了挑战，但你尚未对此做好准备。

- 你做了一件本以为可以逃脱惩罚的事情，结果还是被逮住了。

- 你找不到办法从尴尬的社交场合脱身。

倘若不加质疑地任由这些焦虑的火花点燃，它们便会如同一套看不见的程序一般，规定我们怎样去应对世界：我们会误解他人，对新的信息做出错误反应；我们始终会反其道而行之，不是调整自己的期待以更好地适应世界，而是总想着强迫世界改变，使其迎合我们的期待。我们所知这么少，世界却这么大，这几乎必然会导致更多的焦虑和最终的失败。

一杯陈水引发的讨论[1]

在着手研究有关分歧的项目时，我进行的第一批调研之一是搜集了一份清单，整理了那些总是容易让人一次又一次陷入争论的话题（我至今仍然很喜欢在聚会上向人们提出这个问题）。我一直在寻找那种让人头疼、曲曲折折、反复出现、永不休止的争论，那种人们一吵就是几年（甚至几十年）的争论！这些重复的争论，有时可能是跟对自己重要的人、家庭成员、朋友进行的，有时也可能只是跟来自互联网的陌生人进行的。我特别感兴趣的是那些表面上看起来很琐碎却反复出现的事情，因为它们当中有某种东西触及了我们更深刻的情绪，或是我们的部分信念和身份认同。我当时有一种直觉，后来得到了证实，那就是争论早就潜伏在我们头脑里了。它们中有些会伴随我们一生，我们会跟不同的人在不同的时期不断地练习它们、完善它们；有些跟特定的人际关系（尤其是兄弟姐妹、父母和伴侣关系）挂钩，在这些互动中，特定的话题和观点会成为地标，你们总是会在同一个地方产生分歧，无论何时。

我最喜欢的一场争论来自我的两个好朋友——莎伦和伊恩。他俩结婚10多年，都是可爱而真诚的人，敢于发表强烈的意见。莎伦通过私信和我分享的争论始终只有一个，不免叫人感到些许诧异："水放上几天会变质吗？这件事我俩已经争了快10年了，但仍未达成一致意见。另外，很明显，水真的会变质。"

或许是由于喝变质咖啡的经历，我当即肯定地回答了这个问题，说放了几天的水毫无疑问是不能喝的。而在澳大利亚长大的伊恩对细菌有着颇高的包容度，他嘲笑我们太过娇生惯养，说不定哪天会栽在洁癖上。

我理清了问题，并向更多人发问，想看看它是否会引发争论。

问题：如果你发现床头柜上有一杯已经放了整整 3 天的水，你认为这杯水还能喝吗？

第一天　　　　　　第二天　　　　　　第三天

图 1.3　一杯水在 3 天之内的变化

大家的回答从世界各地纷至沓来。认为水"可以喝"阵营的一些人说：

你们就是人类正在毁了地球的原因之一。

就因为我喝过（因为我口渴，也因为我讨厌浪费）留在车里、开过盖、有人喝过（有时候不是我喝过的，而是我孩子喝过的），而且放了一个星期的水，我都快出名了。我越是拿不准它放了多久，就越会迟疑。

放在家里或者办公室里的水不会变得危险，也不会长出什么可怕的细菌（反正不会比放在厨房台面上的水果长出更多细菌）。

而"天啊，绝对不能喝"阵营的人则说：

没人能改变我对这件事的看法。如果水在外面放了一晚上，我就会把它倒掉，换一杯新鲜的。每回都这样。

落在敞口玻璃杯里的灰尘和颗粒会把我呛到。

我总是会重新倒一杯。生病的风险诚然很小，但既然倒一杯新水并不费力气，干吗要冒险呢？

我对这件事很保守，它一点儿都不好笑。静止的水不流动，几分钟内就会害死你。

第一点意外

我从每个做出回答的人那里额外收集了一些信息，并将他们的回答做了可视化整理，好让我们共同审视这个重要的问题。

在坐标图里看到人们发自内心的反应和立场，有助于我们理解它们的多样性。它还有另一点好处，那就是让答案消除了私人化的味道。图 1.4 上的小表情标志没有附带名字或面孔。

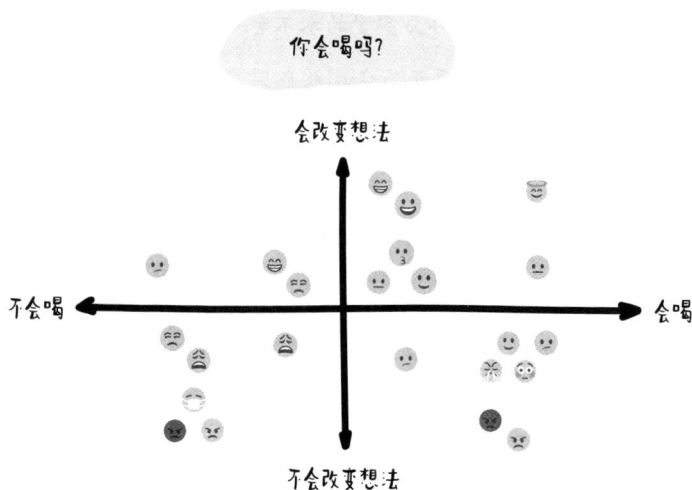

图 1.4 人们对喝陈水的态度

当你去掉了争论立场的个人色彩时，你就可以站在其他的立场考虑问题了，这就像你在房间里走来走去，试着坐到不同的椅子上一样。

第二点意外

接下来，我浏览了所有留言，并尝试归纳人们持有各自立场的原因。我又追问了几个问题，接着整理了若干答案，没过多久，我便得出了一份理由的优先顺序表，双方都用它们来为自己的反应提供正当理由。

"天啊，绝对不能喝"阵营对细菌和未知事物存在普遍的恐惧感。"谁知道里头会长出什么来。"养猫人的恐惧感更为强烈，因为他们一般会假设，要是一杯水在屋子里放了一小会儿，那么猫的脏爪子就会伸进去，让水染上猫的粪便里携带的有害细菌。我不养猫，所以压根儿没想到过这一点，但它很有道理。就算没有猫，我也知道细菌确实会在水里生长，虽然几乎所有证据都表明此类细菌基本无害。

"天啊，绝对不能喝"阵营里还有一大群人的关注点是味道。有人说水有股霉味。还有些人发誓说自己能喝出细菌的味道，而且很不喜欢。一些人提供证据说水的口味会随着温度的升高而改变，直到氯废气排出后还会再发生变化。一些人喜欢的味道可能是没有味道，只有少许氯的气味。通过这次谈话，我还了解到，二氧化碳会溶解在隔夜水里，也会为水增添少许味道。

"可以喝"阵营似乎有更多个人案例，提及受访者怎样克服了对细菌的恐惧。这些人曾多次野营、在农村长大，或者他们的父母是医生或护士。其中一个故事是这样的：

我的父母是护士，我们整个大家族里还有大量的医务人员——我想，我从小就被灌输了"细菌和病菌并不全都是坏东西"的观念。掉在地上的食物完全可以吃，多去野地里，去野营，经常弄得一身土，诸如此类。我也不怎么使用创可贴，直到有人指出这有点儿奇怪，我从来不觉得。相反，我用强力杀菌剂来清洗伤口，之后就让伤口敞着。或许我是太信得过身体的自愈能力了？我会经常洗手，因为我要照顾孩子们，而且我从小就看着父母仔细洗手。也就是说，我非常幸运，因为我拥有健康的身体和强大的免疫系统，这很重要。我也经常随便从任何桌子上拿起食物就塞进嘴巴。现在，大概有一半的读者兴许感到有点儿反胃了吧。

最后还有一个人，尽管承认水可能没问题，但仍然极其坚决地不喝陈水。她说：

我还是个小女孩时，就形成了讨厌陈水的强烈偏好，主要是因为味道。后来，因为我的焦虑障碍，我对水形成了一种真正的偏执妄想。有一阵儿，我根本不相信水放在外面还会是安全的。在我的焦虑变得非常严重时，我甚至说服自己，水里有毒，会杀了我。如今，这种焦虑得到控制，我不再那么抓狂了，但我仍然不喜欢放在外面的隔夜水。主要跟味道有关，但也因为我不想喝暴露在灰尘、宠物和我自己口腔细菌下的水。

我们是复杂的动物，我们对事物的反应根植于悠久的历史和复杂的情绪。在听完各种各样的故事，尤其是最后一个后，"可以喝"阵营的人对这个问题的看法有所不同，他们承认，个人偏好不可避免地会影响一个人的立场，哪怕我们在事后感觉这些立场完全合乎逻辑。

第三点意外

作为第一个实验，我对这次调查的结果感到非常满意。没料到的是，我对隔夜的陈水喝起来是什么味道产生了好奇心，而这实际上改变了我的偏好：我时不时地会喝上一杯陈水。每次这么做时，我会努力关注二氧化碳的味道、水里缺少氯的气味，以及菌落刚萌芽的微弱菌株味。我在设计这个实验的时候，明确告诉自己不要试图改变别人的想法，而且我坚信自己的立场不大可能基于新信息发生改变，然而，有些事情还是在不知不觉中发生了变化。我改变自己的想法了吗，又或者我的视角更开阔了？

虽然实验并没有改变我对变质咖啡的怀疑态度，但自此以后，我对水的看法确实和之前不一样了。

第一件要尝试的事

观察焦虑从哪里来

每当我们很看重的观点受到另一个观点的挑战时，焦虑就会产生。如果认为这种新的观点无法接受，我们就会进入"那个人是错的，我必须纠正他！"的心态，冲动得立刻采取行动。

当焦虑启动时——"嘭！"——就像是意识里诞生了一条焦虑的吐火小龙，它随时准备点燃一切。这是潜在争议产生的第一个迹象。我们还能注意到这种自发产生的情绪尖峰有些什么特点？什么会引发大焦虑？什么会引发小焦虑？

正如我们在隔夜陈水对话里所见，同样的信息（一杯 3 天前的水）有可能引发不同人身上各种各样的焦虑。你可以想象从前的一段经历（比如偶然喝了变质的水，或是多次把水和中毒联系到一起的例子）会怎样放大你下一次，以及再下一次的自动反应。反过来说，在焦虑反复遭到弱化的环境中长大（比如家长是当医生的，或者生活在农村），则会导致完全不同的反应。巴甫洛夫的著名实验表明，狗可以学会将晚餐与铃声联系起来，直到一听到铃声（哪怕在晚餐出现之前就响铃）就流口水。[2] 当我们注意到焦虑的火花时，我们可以窥见自己是怎样学会对特定类型的信息自动做出反应的。有时，我们学会了一些有益的东西，比如把枪声和危险联系起来。还有些时候，我们对一种经不起思考的信念产生了条件反射。不经观察，我们无法知道自己是哪种情况。

让我们来使用一套 5 分制焦虑量表。[3] 我们可以用它来记录你不小心把恶心的东西放进嘴里时的不舒服程度，也可以用来记录更普遍的情况，比如期待与现实发生冲突的场景。

图 1.5 给焦虑打分

1 级：相当容易控制。你穿上一件自己最喜欢的衬衫，却发现肘部有一道裂缝。

2 级：你会微微冒汗。你听说自己最喜欢的演员自杀了；你知道自己患上了一种疾病，在此后的 6 个月里不能吃奶制品、麸质或糖，而且，取决于试验阶段的结果，你可能余生都不能吃。

3 级：现在出现了有点儿紧急的状况。你的老板告诉你，业务没有预期中那么好，公司不得不裁掉一些员工，其中包括你。

4级：这个问题不会杀死你，但你无法毫发无损地从中恢复过来。你得知伴侣几年前就开始对你不忠，而且这种不忠关系说不定仍在继续；一场离奇的意外杀死了你的一个亲密朋友。

5级：发生了真正糟糕的事情。一场森林大火烧毁了你的街区；你在一场意外事故中失去了配偶或孩子——你应该懂我的意思了。

焦虑是主观的。上面的例子或许完全不符合你的情况——如果是这样，花几分钟根据你自己的体验进行校准。

你还会注意到，焦虑不一定会导致分歧。我们讨论的焦虑，是由两种观点的内在不一致引起的。有时候，一种观点是你的信念，另一种观点是别人的信念；有时候，一种观点是你对事物的期待，另一种观点是与这些期待矛盾的实际情况。

浏览下面这些可能触发焦虑的因素，并试着按你的焦虑量表给它们打分（5分制）。

你急着去上班，没想到必经之路正在施工，你的路程增加了一个小时。

虽然旁边就有可回收垃圾桶，你的朋友却把塑料瓶扔进了不可回收垃圾桶。

还是个孩子的时候，有人告诉你，你所相信的事情（比如圣诞老人）不是真的，你突然意识到大人们是在对你撒谎。

你得知自己被理想大学拒绝了，或是没有拿到心仪公司的录用通知。

你的妈妈告诉你，她把票投给了一个跟你的选择不同的总统候选人。

你确诊了癌症，医生认为你只有不到 6 个月的生命了。

你最喜欢的电视节目意外取消了。

你有个从来没有上过学也没有工作过一天的儿时好友买彩票中了几百万美元。

在一栋布满灰尘的老房子里，你感觉有些不对劲，你听到一声像是尖叫的声音，但房子里只有你一个人。

星座运势告诉你，即将发生不好的事情，第二天你的车爆胎了，你差点儿撞车。

你认为是完美夫妇的一对朋友离婚了。

你发现，父亲并非是你的亲生父亲。

你得知，你孩子所在小学的大多数家长都不给孩子接种疫苗。

你在一家餐馆的公共餐桌旁，跟周围的人愉快地交谈了一个小时，这时你才想起来，他们都是登记在案的性侵罪犯。

你在森林深处露营，醒来感觉身体有点儿发痒。外面漆黑一片，你打开手电筒，发现自己身上爬满了蚂蚁。

百吉饼会触发焦虑吗?

一旦你开始注意到焦虑怎样启动，你就会发现它无处不在。当你看到百吉饼像面包那样被垂直切成薄片时，你的第一反应是什么? [4]

如果你的反应和我看到的推特贴图下的回复一样，你兴许感觉到了 2 级甚至 3 级的焦虑。推特上的回复娱乐感很强:

警官，我要报警。[5]

你真是胆大包天。[6]

是谁告诉你能这么做的? [7]

图 1.6 对百吉饼被垂直切成薄片的推特回复

看到有人做了完全无害却跟我们喜好不一样的事情，我们常常感到焦虑，这很正常。

百吉饼表情包在推特上火了一两天，很好地说明了为什么互联网这么好玩：我们通过社交游戏来减少共同的焦虑（哪怕这样的焦虑十分愚蠢），同时把我们各自的其他焦虑倾倒在这个平台上。

任何笑话、故事或者新闻标题的铺垫和形成，都需要制造焦虑。焦虑以此类快速变化的形式，给人带来强烈的动机。这一现象的心理学术语是认知失调，每当我们经历认知失调的时候，我们都会受到强烈的激励，像"打地鼠"一样"击打"它（如果使用官方词语，就叫作"减少"它）。[8] 想想看：每一个表演者、出版商、喜剧演员，每一种产品、服务，每一家企业、广告商或其他实体，为了将你的注意力引导到营销、娱乐或别的目的上，都会利用能引发认知失调的点子攫取你的注意力。如果他们能让你感到紧张，那么你就有更大可能把注意力放到他们所指向的对象上以缓解紧张。

社交媒体有助于缓解共同的焦虑，因为我们可以聚在一起，要么确认一个冲突观点（"这些不是真正的百吉饼"；"那是圣路易斯人爱做的事情，他们很奇怪"），要么拒绝一个冲突观点（"如果你把百吉饼像面包那样切片，那你简直该进监狱。别找借口"）。这种快速、反应性的社交游戏也有不利的地方，它会让我们太依赖社交媒体来解决焦虑，而我们自己没得到足够的锻炼去寻找解决方案。如果社交媒体让你焦虑，这兴许就是部分原因。

用某些社交游戏来减少自己的认知失调，我们最终可能会变得更加不宽容，对他人的理解更加有失准确。还记得吗？分歧有可能揭示了真实、有意义或者有用的东西。你的任务是识别出你想要哪种（或哪些）类型的分歧。比如，你想关注的是，只准用特定的一种方式切百吉饼是否有意义；别人关注的是，只准用特定的一种方式切百吉饼是否有用。如果我们谈论的是个人喜好和价值观，那我们应该先确认别人谈的也是它们，再为自己的喜好进行论证。这时候，有关文化背景、传统和环境的问题就很切题了。类似地，如果我们在讨论的是不同方法的效用，那我们应该确认别人也是如此，因为这会带来"这种方法有什么意义"及"它要达到什么样的目标"等问题。每一个分歧领域都是一个有待调查的不同世界，需要使用不同的验证方式或解决视角。当焦虑激发分歧的时候，如果你不光注意到了这种分歧，还给它打了分，你就来到了一个岔路口，你所选择的减少认知失调的方式将发挥巨大的作用，决定接下来的几分钟是否有成效。哪怕你一开始持否定态度，如果你能允许自己在认知失调状态多待上几分钟，你就可以慢慢地将分歧合理化甚至更新。

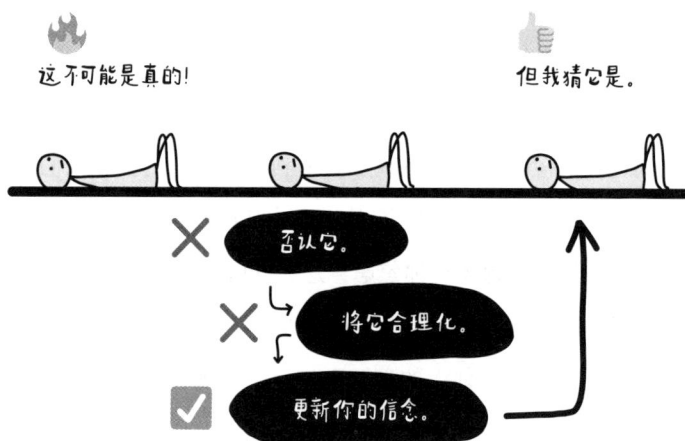

图 1.7　对分歧的态度的转变

如何阻止焦虑破坏分歧

1. 当你注意到焦虑时，停下来问问自己：你是在为事情的真实性、意义还是用处感到焦虑？

2. 向对方提出同样的问题。他们给出的答案是相同的，还是不同的？

3. 大声说出你们每个人为什么感到焦虑（这么做可以争取更多时间，放慢节奏）。复述每个人是怎样回答这个问题的，看看这能否让你或对方产生新的联想。

4. 看看你们中是否有人愿意把注意力转到对方担心的事情上。谁的认知失调更严重？谁能利用对方的帮助？

如果双方锁定的问题是关于真实性的，你可以问：

- 有没有我们双方都信任的信息来源，能向我们提供这个问题的答案？

- 值得信任的信息来源需要符合什么样的条件？

如果双方锁定的问题是关于意义的，你可以问：

- 它为什么对我们这么重要？

- 过去的哪些经历带给了我们这样的偏好或价值观？

如果双方锁定的问题是关于用处的，你可以问：

- 如果我们什么都不做，会发生什么？

- 对不同的拟议行动带来的结果，我们的信心如何？

另一件需要注意的事情是，房间里（哪怕是虚拟房间）的焦虑或认知失调程度，取决于各自群体对百吉饼挑剔程度的认同，不同的人体验到的认知失调的程度是不同的。百吉饼"被降低品质"的可能性，兴许会让纽约人感到焦虑，而且，一旦这种偏好受到冒犯，他们就会即刻被触发焦虑。对百吉饼持中立态度的人（我认为自己属于这种情况）兴许根本不会感到太严重的认知失调。对本就熟悉像切面包那样切百吉饼的人（比如圣路易斯的居民）来说，他们也不会感到太严重的认知失调，因为"曝光效应"（也就是我们往往会偏爱自己熟悉的东西）已经减轻了他们内心的失调。

除了认可或拒绝矛盾观点，第三种减轻认知失调的方法是用新的信息更新你的观点。在社交游戏里，"就是会有人像切面包那样切百吉饼"一类的反应不太常见，因为它不如俏皮话那么精彩。

第一次看到那条关于百吉饼的推文时，我的第一反应是拒绝："不可能，这也太离谱了！"我给一些有趣的推文点了赞，但没有转发。当它再次弹出时，我开始明白，这是圣路易斯的特色，而我在第一次看到时错过了这个细节。这叫我回想起西雅图的一种类似奇怪做法，当地热狗摊主会在热狗上抹奶油奶酪，晚上出去玩的时候，我很喜欢买一个吃。这并不是说我想试试像面包一样切片的百吉饼，但它确实让我理解了一些在外人眼里显得奇特的地方特色。这微妙的同理心给我指出了一条合理化个人信念的道路：要是有人想要这样切百吉饼，我大概是可以接受的。最终，我更新了信念，对他人的不同采取了包容态度："这个世界很大（无奇不有）。"这是减轻内心认知失调的一种方法。

我的反应跟我最初感到的焦虑程度部分相关。我不是纽约人，对百吉饼的热爱也不算太强，所以我不需要花太多功夫来缓解焦虑。如果失调程度较低，知道"什么有用"就足以缓解它，无须额外帮助。可要是失调程度很高，这恐怕就不够了，也就是说，无法认同的人必须继续寻找别的方法来缓解焦虑。

笑话和社交游戏很适合减轻高度焦虑的认知失调。遗憾的是，嘲笑、侮辱和否认也可以减轻当下的认知失调。总体而言，这些策略会让我们陷入纠结，对最初导致焦虑的沟通平台产生依赖感。这种纠结，或许有助于解释模因文化何以在这些平台上迅速兴起。如果人人都在使用社交网络来减少焦虑，然而社交网络又增加了人们产生焦虑的概率，那么就会开始形成一种正反馈循环。

现在我们有了一种语言来谈论焦虑的程度（1～5 级）和焦虑的类型（关于头、关于心或关于手），就可以向下进行了。

从焦虑的核心着手

妻子凯莉安告诉我，学校要放假了，儿子尼可那天兴许会回家，而我们却忘了把这个假期添加到日程上。我原本打算像往常一样工作，而凯莉安有一些重要的家务要处理，所以她问我那天早上能不能陪陪尼可，晚几个小时再出门。我有点儿漠不关心地说，让尼可一个人待在家里兴许挺不错，他是个挺有责任感的孩子。而这引发了一场有关"把8岁的孩子一个人留在家里是否合法"的争论（大家都知道，这类争论总是这么发生的）。

如果我观察过焦虑是怎样启动的，我就会发现，一想到那天可能没法儿按时去工作，我就陷入了1～2级的焦虑。我的反应是否认这样的可能性，并直接提出了最简单的解决办法：让尼可一个人待在家。问题解决了（对我而言）。

凯莉安的问题并未解决。因此分歧非但没有解决，反而升级了。

凯莉安：*我们不能那么做！这是违法的，而且，把他一个人留在家里，这让我感觉不太舒服。万一出事怎么办？我们没办法知道。*

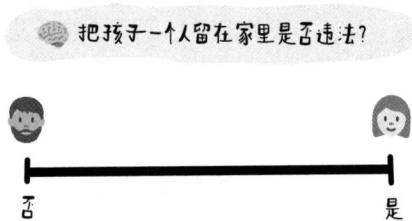

图1.8 夫妻之间的分歧

如果我观察过焦虑是怎样启动的，我就会发现，我减轻焦虑的策略对凯莉安不起作用，她需要另一种答案。这很好理解，因为我的焦虑根源在于担心自己没法儿按时工作，但凯莉安焦虑的原因恐怕不是这样的。我本可以问问她在担心什么，以便更好地理解分歧的真正根源。至少，我可以放弃那个只对我有效的解决办法，重新寻找一个对我们俩都有效的办法。然而，我选择围绕"在加利福尼亚把孩子独自放在家里是否合法"这个问题开启一轮新的争论，轻率地以为这就是她真正担心的问题。

> **我：**我敢肯定这不违法。
>
> **凯莉安：**不行，这没有商量的余地。我就是觉得不安全。我就不明白，你为什么不能在家多待一个小时。我每次请病假都是为了照顾孩子，你从来没有这么做过。
>
> **我：**我可以待在家里这么做，但我只是觉得尼可有能力一个人待上一两个小时。他是个有责任心的孩子。

因为我没有留心自己焦虑的根源，所以我没理解它跟凯莉安的焦虑根源有什么不同。于是我也不明白为什么自己的解决办法不能解决她的问题。最糟糕的是，我在一个她根本不在乎的分歧上固执己见，忽略了她真正想讨论的问题。如果我对这一切多加关注，我本该很容易注意到，对凯莉安来说，我们的分歧与加州法律无关，甚至跟让不让尼可单独待在家里也没有关系。对她来说，实际上的分歧关乎一项价值观判断：我愿不愿意为这个家庭出力。等我明白这一点的时候（我花了比通常情况略微长一些的时间），再提出待在家里已不能挽回对话了，因为它已经转移到了我的整体行为趋势，甚至我缺乏有效沟通的能力这几个涉及级别更高的分歧上。

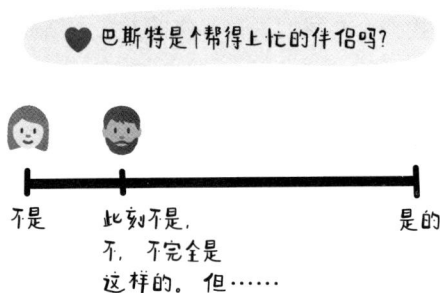

❤ 巴斯特是个帮得上忙的伴侣吗?

不是　　此刻不是，　　　　　　　　　　是的
　　　　不，不完全是
　　　　这样的。但……

图 1.9　夫妻双方对丈夫的看法的分歧

当人试图控制一个很大的焦虑源，而谈话又聚焦于不足以解决该焦虑的策略时，分歧会不断升级，直到出现分量足够的解决方案。重提过去的分歧，跟他人进行比较，寻求不太健康的解决方法，如大喊大叫、辱骂、怨恨、否认等，便一步步成为必要的焦虑管理方法。

我贡献这个叫人脸红的私人例子，是为了指出特别喜欢"理性"辩论的人最常犯的错误——我们只从最简单的形式去看待争论（什么是真实的），与此同时所有的情绪证据都在尖叫着说：这场争论的根源更多地来自意义、价值观和（或）目的。到目前为止，有关信息的分歧是最容易解决的冲突，因为真相的源头就在那儿，就在触手可及的地方。我们所要做的就是把它找出来——问题就解决了。但这种简单的答案只适用于简单的问题，过度依赖它会让我们对人际关系里更模糊、更混乱、更不易解决的环节视而不见。很多我们通常不愿意承认的争论是关于个人偏好（为什么我把工作置于家庭之上？），以及策略和实用主义的（在这种情况下，让尼可一个人待在家里是最合适的选择吗？）。我非要跟一个简单的、建立在信息基础上的冲突较劲，反而加剧了两种冲突。我认为自己一直在努力重视家庭甚于工作，在凯莉安有别的事要做的时候，我愿意待在家里……但我用自己的行动证明，事实并非如此。

我本来不应该固守简单但误导性很强的分歧，而是应该问自己："有没有可能，我对家庭的贡献还不够？"是的，绝对有可能。"有没有可能，尼可还没有准备好独自待在家里？"同样，绝对有可能。考虑到这些可能性，我应该问些什么问题呢？我应该怎么做，才能更明确地排除这些可能性呢？这些问题是一天之后，我在脑海里回顾这场冲突所得到的收获，它们让我在接下来的几个星期跟进这件事，并跟凯莉安展开了头脑风暴。

在事发当时问这些问题确实不太现实，不过在未来的许多次对话里，我会不断练习这样做。要着手改变根深蒂固的对话习惯，关键就是从观察焦虑的火花开始。

2

倾听内心的声音

内心的声音

代表了我们对焦虑的

预设反应，

它是从父母和

外在文化中

内化而来的。

假设你非常支持接种疫苗，并且坚定地相信人人都应该接种疫苗。如果你持有这样的信念，那么一旦你接触反对接种疫苗的人，你就很可能会感到一定程度的焦虑，甚至高度焦虑。我们可以用图 2.1 表示该情形。

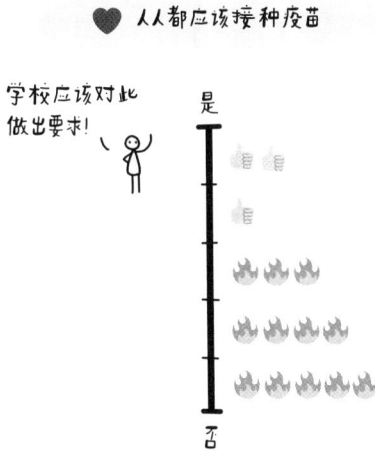

图 2.1　认为疫苗有益的人对接种疫苗的看法

这是一种将认知失调可视化的方法。对方的观点跟你的观点差异越大，认知失调就越严重。我们对某一立场的焦虑感，会使得我们对那些引发了这种焦虑感的人产生负面印象，而我们焦虑感的轻重程度，也与该负面印象的强弱挂钩。在讨论观点高度对立的议题时，有些人持有的观点在我们眼里是完全无法接受的，此时，我们会将这些人妖魔化。

当然，它是双向的。两极对立的本质就是，双方都坚定地相信，对方的立场不可接受。图 2.2 是认为接种疫苗存在潜在危害的人对此议题的看法（本质上，它就是上一种观点的镜像）。

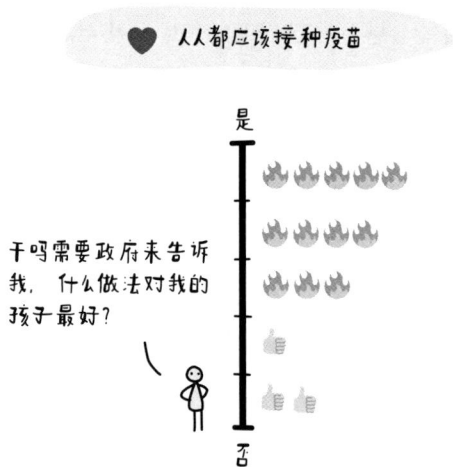

图 2.2 认为疫苗有害的人对接种疫苗的看法

这里，我们的目标是将双方的认知失调都可视化，哪怕你并不认为双方的看法都是合理的。对这类议题，我们都有自己的立场，而且我们一般认为，自己的观点比对方的更有说服力，总有一天，时间能够推翻某个观点。但在此之前，先理解对方的观点是很有好处的。而将观点可视化，对此大有帮助。

承认对方的信仰"发自内心"是我们要做的第一步，这样做的目的是确保我们不会太快将对方妖魔化。在什么情况下你会丧失对对方的同情？对方怎么看待我们，我们真的理解吗？不要草率地妖魔化对方，其关键就在于要理解自动妖魔化对方的倾向从哪里来（来自我们内心的声音），并重新审视这种内心的声音，看看它们的刻板印象是否准确。

伊芙·皮尔曼（Eve Pearlman）是一名记者，也是"太空船"媒体公司（Spaceship Media）的首席执行官，这家新公司致力于倡导她所称的"对话新闻"。[1] 皮尔曼一直在 Facebook 和现实世界中进行实验，尝试在一个两极分化的议题上把双方阵营的人拉到一起。在最初的一次实验中，她将 25 名曾投票给唐纳德·特朗普的人和 25 名曾投票给希拉里·克林顿的人拉到了同一个 Facebook 群组里，为期一个月。[2] 她先是询问双方，他们认为对方阵营的人会怎么看待自己。投票给特朗普的人说，他们认为投票给希拉里的选民把自己看成"《圣经》的狂热信徒""愚蠢落后的乡巴佬儿"。与此同时，投票给希拉里的人说，他们认为支持特朗普的选民把自己看成"持自由派立场的加利福尼亚疯子，缺乏爱国心，富有，看重事业甚于家庭"。

如果双方阵营都认为对方在妖魔化自己，那么，他们反过来妖魔化对方阵营也就变得貌似合理了。这一视角利用了妖魔化，为本来不可理喻的做法进行开脱。皮尔曼的实验揭示了那些扁平的、愤怒的、刻薄的漫画形象。双方都能看出对方并不像自己以为的那样扁平、愤怒和刻薄，而这就意味着妖魔化没法儿占上风了。

心理学家和经济学家丹尼尔·卡尼曼对"系统1"做过介绍。[3]我们的大脑总是尝试使用最少的能量做出大多数的决定，而系统1，就是大脑中负责做出决定的快速、本能、情绪化决策系统。赋予对手不公平的漫画形象，就是系统1的副作用之一。这套系统依赖思维习惯和快速可靠的捷径策略来完成任务。与此相反的是系统2，它是一套更审慎、更讲究逻辑的慢速思考系统，也就是通常我们认为的有意识思考，它需要大量的能量。

如果我告诉你，焦虑左右着系统1所做的建议，想必你不会感到太过惊讶。如果一个支持接种疫苗的人听说，一座富裕的美国城镇因为疫苗接种率低而暴发麻疹，系统1的建议有可能是："尽量让这些家伙远离我的家人，赶紧强制接种疫苗！"如果支持接种疫苗的人指责反对接种疫苗的人是在"戕害儿童"，那么后者的系统1恐怕会给出逃跑建议，以避开这些不应该落在自己身上的严厉指控。这些内心的声音飞快地冒出来，系统1就是这么运作的。我们内心的声音是自动的，是充满情绪的紧急声明，一般与安全有关。它们利用刻板印象和群体标签，把威胁、机会，以及我们与威胁和机会的关联进行分类。它们无视时间的流逝——现在正在发生的一切都已经发生过，而且将永远发生，除非采取极端措施。它们对力量动态却极为敏感，会根据人与威胁的关系调动"战或逃"的解决办法。老板大喊大叫，发起攻击，员工们就会四处逃窜，寻找掩体；父母夺走玩具，孩子就会哭闹不休。

然而，通过练习，我们可以学会退后一步，倾听系统1，把它的信息更多地当成建议而非命令。如果多关注一下自己说话的方式，我们就会发现，那些由焦虑火花激发的想法和感受仅仅是我们内心的声音，它们并不能最终决定我们的想法和感受到底该是怎样的。

四种来自内心的声音

剖析系统 1

一般来说，我们有四种内心的声音，它们会喷涌出自动的想法，为我们的冲突模式提供建议。我们每个人的大脑里都有一些预先编程的声音，但这里的描述并非出自科学研究，你不妨把它们理解为做小蛋糕的模具，其目的是方便我们进行讨论。内心的声音由我们的文化、父母、社群和个人经历共同塑造。

我想把这四种声音分别叫作权力的声音、理性的声音、回避的声音和可能性的声音。每当出现焦虑和认知失调的火花时，它们就会发出特别大的声音，因为它们的存在恰恰是为了以这种方式帮助我们缓解焦虑。

权力的声音

"强权即公理。""要么接受，要么滚。""不按我说的做，就给我滚蛋。""照我说的做。""这是命令！""这不是辩论大赛！""乞丐还想挑肥拣瘦？""谁捡到归谁，丢东西的活该！"

因为老子是这么说的。

图 2.3　权力的声音

权力的声音是我们头脑中最原始、最古老的声音。它解决分歧的办法就是对其强行终止。它废话不多，如有必要，很乐意扮演坏警察。如果分歧是关于谁得到什么东西，权力的声音会说："当然是我的！"然后把东西从别人手里夺过来。如果这行不通，它就会尝试撕咬抓扯，以及任何可行的其他手段。

为我们植入这种声音的文化指涉包括：

- 相信强权和武力是演化优势。

- 普遍存在的军事战略。

- 硅谷的共同信仰："伪装一切，直至成功。"

- 耐克的口号："只管去做！"
- 炮舰外交：19世纪帝国主义列强通过展示实力来威胁武力较弱的国家，使其放弃权力的一种外交政策。西奥多·罗斯福的名言"温言在口，大棒在手，故而致远"[4]就体现了这一策略。
- "落后就要挨打！"

我的小儿子路易两岁的时候有一件最喜欢的玩具，那是一辆粉红色的小火车，名叫"罗西"。有时候，他清早一醒来，什么都不做，就呼喊着"粉红色嘟嘟火车"，在家里横冲直撞。对他的父母来说，这是个信号：最好赶紧回想起最后是在哪儿看到这辆火车的，赶在他把事件升级（包括踹墙，把整栋房子闹个天翻地覆）之前把火车塞到他手里。毫无疑问，从出生的第一天起，我们的头脑中就充斥着权力的声音；如果你是个有需求的新生儿或者蹒跚学步的孩子，这一点显而易见，明明白白，没有任何值得怀疑的余地。当然，对路易来说，这种声音尚未经过校准，他不知道它只应该用于存在严重威胁的时候。所以，当路易最好的朋友（就叫她埃莉吧）跟我们一起在一家咖啡馆吃午餐，碰巧玩起了他的火车时，路易就把这种声音用上了。

路易："那是我的火车！"

埃莉也只有两岁，自然意识不到路易所体验到的 5 级焦虑，但她非常清楚突如其来的大喊大叫给自己带来了 5 级焦虑，于是她回喊道："不，这是我的！"

路易尝试从埃莉握紧的手中夺回小火车，埃莉尖叫着把他推开。目睹这一幕，我可以采用的一种育儿策略是，只要没有发生真正的伤害，就让孩子们自己解决问题。但这一切当然会在我心中引发一定的焦虑。我具备足够的心智能力，觉察到自己耳朵里也响起了一个强有力的声音，要我朝着他们大喊大叫，命令他们闭嘴。但这不是唯一的声音。实际上，还有另一种声音，是专门为了克制权力的声音而存在的，那就是理性的声音，我们接下来会介绍。

权力的声音是解决冲突的终极策略，因为争论不能只依靠武力，可惜权力恰恰如此——它强行终止争论，以有利于你的方式结束冲突，这自然是不容否认的演化优势。

权力的声音在一对一的战斗之外也很有用。极权独裁者利用这种策略来统治、镇压甚至杀害持不同政见的人士。革命利用权力的声音最终推翻独裁者，让一切从头来过。权力的声音只有一种负面影响：它必然会带来一场可能损害双方利益的战斗。因此，对几乎所有能想象出来的分歧，权力的声音都是最古老的解决策略，但它的代价也最为昂贵。如果掌权者要跟所有挑战者战斗，那么可以想见，维持权力几乎总会牵涉到大规模的动乱——这为理性的声音打开了大门，把效率和计算摆到桌面上。

每当你听到自己或别人说"对话到此结束！""我们到此为止！"或者是一句干脆的"不就是不！"的时候，说话人便是在运用权力的声音，站在执行这一宣言的立场上。每当我们诉诸封锁、审查、驱逐他人或其危险思想的手段时，我们就是在运用权力的声音。不可否认，这些举动能带来满足感，而且你以对自己有利的方式强行结束了一场没有成效的冲突，也获得了直接的好处，但其负面影响不容忽视。

理性的声音

"为什么？""给我看看证据。""证明它。""这不可能。""公平就是这样。""规矩又不是我定的。""这件事不是这么个做法。"

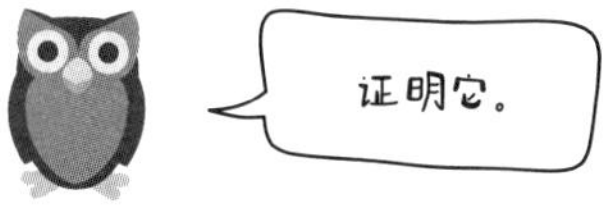

图 2.4　理性的声音

理性的声音就是利用理性来终结一场辩论。最简单的理性当然可以是武力威胁，但一般而言，理性来自某个更高的权威，例如更大的利益、常识、传统或惯例等，而不仅仅是纯粹的力量。理性之声是权力之声的升级版，因为它无须战斗就能取胜——尽管它不能保证对掌握了权力之声的人管用。

老鹰和夜莺的寓言很好地证明了这一原理。故事是这样的：

一只老鹰抓住了一只正在唱歌的小夜莺，夜莺哭叫着抗议。老鹰说："可怜的东西，你干吗要哭？我比你强壮得多，我想吃你就吃你。"老鹰就是权力之声的化身。

没有力量的夜莺只好诉诸理性，它哀求老鹰说："等一等！我个头这么小，你又这么饿，吃了我也满足不了你。这样吧，你放过我，我为你唱一首动听的歌，它会让你开心的。接着你就可以飞到那边去吃那些大鸟了！"

老鹰说："这个提议倒是有趣。不过，我还是更希望你先安抚安抚我的胃。"[5]

这个故事的寓意是：肚子太饿，顾不上耳朵，哪怕是夜莺美妙的歌声也无法打动饥肠辘辘的老鹰。那么，理性的声音怎样绕过这个问题呢？答案很简单：靠数量。

像夜莺这样的鸟类能存活到今天，是因为它们对老鹰有一种可行的防御方法：它们会参与一种叫作"聚扰"的社会活动。如果一只鹰俯冲到它们的领地，第一只发现它的夜莺会发出聚扰的鸣叫，其本质就是一声警报，提醒其他鸟儿注意危险。接着，这些鸟会一同聚集在天敌周围，强迫它离开，因为它们团结起来比老鹰更强大。

理性的声音建立在权力的声音之上，是对权力的声音的增强。一旦建立于权力的地位之上，理性的声音就可以建立更高的权威（例如宗教或法律制度）来维持权力，不必再像权力的声音那样，因为不断争斗而付出更高昂的代价。理性的更高权威同时做两件事：它让集体保持团结，以抵抗外部威胁；它以无害于集体的方式重新解决内部争端。

借助理性的声音增强权力的声音的体系和制度包括：

- 宗教：一种信仰体系，它对成员进行精神奖励的标准是忠诚。如果理性失效，它可能会诉诸暴力极端主义。
- 民主：公民通过投票行使权力，并从遵守公民规则的共识中获益的一种政府制度。如果理性失效，它可能会诉诸革命。
- 资本主义：一种经济和政治制度，在此制度下，一切东西都可以用货币进行交易，并以其价格来衡量其价值。如果理性失效，它可能会诉诸制裁、收买、游说、敲诈和贿赂。
- 科学：一种通过观察、实验和可重复性获得的知识和意义的体系。如果理性失效，它可能会诉诸技术和（或）经济战争（或许在这几种体系和制度里最不可怕，但兴许是最有效的）。

这些体系和制度的共同之处在于，它们都有一套建立在权力制度上的内在理性系统。对什么是合理的、什么是不合理的，它们都有基本的信念和一连串的假设。在追随者眼里，这些体系似乎是不言自明的，并且有着内在的一致性。然而，不同的体系和制度对什么合理、什么可以接受有着不同的标准。在一个科学体系里完全合理的陈述，在属于宗教体系或另一个科学体系的人看来，可能是非常不合理的。

为换取成员对其内部理性系统的坚守，体系和制度向成员提供工具和动机作为保护，方便其与群体内其他成员进行协调。在使用理性的声音解决冲突的时候，最大的罪行是背叛群体，终极的惩罚是逐出群体。例如，如果一家企业不同意自己的税率，拒绝向政府纳税，它就无法长期运营；如果一位天主教的主教拒绝承认教皇的权威，那他不会任职太久；员工如果不认同自己的工作时间，就无法长久地从事这份工作。

伴随着在群体内部强化理性声音的力量所出现的动荡，这种声音的最大缺陷也暴露出来：每个体系或制度都必须采用有别于解决体系或制度之间分歧的策略，来解决其内部的分歧。一个理性的体系或制度在面对其他不尊重其权威系统的体系时，是没有办法做到富有成效地解决两者的分歧的。它也无法动用最大的惩罚措施（驱逐）来影响群体之外的人，因为这些人本来就不是它的成员。

理性的声音在跟属于同一群体的人说话时会散发光芒。

路易和埃莉为粉红小火车发生争吵时，理智的声音可以诉诸我们共同所属的社群的更高权威。这些更高权威类似于群体内部所有人都应该遵守的文化规范和良好行为。

在我目睹孩子们争吵的过程中，理性的声音向我提出了各种文化规范中干预、解决争执的方法：

- 一起玩
- 轮流玩
- 找其他东西来玩
- 不能大吵大闹
- 不能打架

我：路易，你就不能友好些，跟埃莉一起玩小火车吗？

路易：不能！

好吧，这不管用。接下来，我想兴许我能说服路易先玩其他玩具，等到二三十秒之后埃莉厌倦了火车再说。可惜这辆粉红色的小火车对路易来说是不可取代的。但埃莉呢——我能找点儿什么来让她分心呢？我知道她喜欢草莓。于是，我带着家长主持人的愉快声音说："哦，看啊，我这儿有些草莓。埃莉，你想来一颗吗？"

埃莉：好呀。

路易或许在琢磨为什么埃莉有草莓而他没有，突然之间，他对抢了自己火车的意外玩伴没那么关注了。趁着两人吃草莓的时候，我偷偷把粉红小火车拿走了。

如果其他人看到这一幕，他们的反应可能介于烦恼和困扰之间，这得看他们在咖啡馆习得的关于恰当行为的特定期待到底是"孩子不得入内"还是"欢迎孩子入内"。但想想看，要是我不是给归自己照料的孩子草莓，而是在未经许可的情况下给陌生人的孩子草莓，别人会有什么样的反应。这兴许会触发完全不同的规范，让我的行为完全超出可接受范围。现在，再想想看，要是我带着草莓出席董事会会议，想让人们停止争论一个严肃的商业目标，那又会怎样。理性的声音只能在参与者的群体动态和文化规范之内发挥作用，倘若它面对的是群体最普遍文化规范之外的问题，它就彻底失效了。

在利害牵扯很大的董事会会议上，理性的声音提出的干预措施可能更类似这样：

- 同意进行测试，验证（或淘汰）待议的解决方法。
- 诉诸权威人士，请双方都尊重的决策者定夺，或是在会后采取行动，跟进其建议。
- 做出妥协，允许一方提出并保留不同意见，安全地表达反对观点，同时不给项目的进展拖后腿。

尽管这些干预措施与分发草莓不同，但它们都遵循着同样的基本准则，即分享、轮流和交给上级处理，跟咖啡馆里的孩子们所遵守的一样。

理性的声音有利的一面是，如果我们有着共同的文化规范，尊重相同的更高权威，那么我们就有了许多以非暴力方式解决观点差异的好工具。不利的一面是，随着文化的改变，也随着群体的发展、萎缩或演变，曾经获得广泛接受的文化规范会逐渐失效。例如，就在不久之前，哪怕是在公共场合，孩子行为失检时被父母打屁股仍是可以接受的做法，而在企业内部，厌女倾向泛滥也不会受到什么约束。

如果在咖啡馆里，我用打屁股代替发草莓，会让旁观者产生截然不同的反应。同样地，在职场环境中，什么样的行为是可以接受的不再由某项共识驱动，而且，围绕着我们认为什么可以接受、什么不可接受，人们进行了大量的争论，以求树立更健康的文化规范——哪怕这意味着承认过去的行为明显越了界。随着我们的世界在文化传统和规范方面渐趋融合，以前无法享受权利的人也有了发声的渠道，我们不能再继续假设身边所有人都能接受我们的文化规范了。理性之人眼里可以接受的事情，成了一个不断变化的标靶，我们必须接受对这些边界的重新定义，但这一事实也表明，边界是由共识划定的，而非任何绝对意义上的普遍道德。

没有哪一种客观权威是所有理性的声音都可以依靠的。你不能用法庭规范来解决人际关系中的分歧，一如你不能用科学研究来解决关于你人生目标的分歧。当我们试图用理性跨越规范互相冲突的群体的边界时，我们注定要遭遇数不清的徒劳无功。

这里的奥妙在于，理性的声音靠的是在冲突时让权力的声音退居次位，因此，它最适合被应用于共同尊重权威的人之间、同一群体和体系（也即你理性的出处）成员之间所产生的分歧。如果理性的声音不起作用，检查一下双方认同的是哪个群体，确认你们的认知失调至少是你们都从属的某一共同群体所关注的事宜。

这就为我们带来了第三种声音——回避的声音，在这个两极分化的时代，我们越来越受它的吸引。倘若权力和理性都不管用，有时唯一的办法就是彻底避免对话。

回避的声音

"唯一的制胜之道就是彻底不玩（这个游戏）。""我宁肯不这么做。""别把我扯进去。"

图 2.5 回避的声音

每当与人分享我对争论和分歧的着迷时，我最常听到的一种回答是：只要有可能，他们就宁愿避免争论。如果你心有戚戚，那你不是一个人。你有可能属于沉默的大多数——很多时候也叫作"回避冲突者"。不管你觉得这个词的意思是积极的还是消极的，我们现在姑且把它看成一个中性的说法，形容的是一种我们所有人在某种程度上都用过的沉默但有效的策略。

回避冲突者发现了权力和理性声音的缺陷，因此用一种从一开始就拒绝参与其中的方式来解决冲突。"别人想吵就吵吧，但别算上我，谢谢。"你看到有人在工作中显得不专业，但你一言不发；你不喜欢伴侣叠的毛巾，但你缄口不言；你的亲戚在节日晚餐上发表种族主义言论，但你并未叫他闭嘴或尝试跟他讲道理，而是假装没听见；你不喜欢参选的任何一个政客，所以你不去投票。当所有选择看起来都存在缺陷时，回避的声音大声地告诉你，你可以保持沉默。万一所有的选择都很糟糕，这恐怕也是唯一明智的选择。

《书记员巴托比》(*Bartleby, the Scrivener*) 是《白鲸》的作者赫尔曼·梅尔维尔写的一篇不太知名的短篇小说。[6] 起初，巴托比抄录了大量高质量的文书，但从有一天有人请他帮忙校对一份文件开始，每当有人请他帮忙时，巴托比都回答："我倾向于不。"很快，他每次都无一例外地这么回答了。让他老板沮丧的是，巴托比做的事情越来越少，最终什么也不做了，只是长久地凝视着办公室窗户外的一堵砖墙发呆。故事讲述者好几次想要跟巴托比讲道理，了解他的一些情况，都无功而返，最终还是放弃了。《书记员巴托比》是对回避冲突策略的讽刺刻画，但它凸显了这种策略的惊人效果，尤其是对那些通过权力和理性的声音处理冲突的人。

回避的声音是后天习得的。很难想象像路易那样的两岁孩子，在玩具被人抢走时可以沉默以对。

回避的声音与权力和理性的声音的区别在于它的隐匿能力——没有明确表达出来的关于回避的规则，也不存在打破这种规则所带来的后果。没有哪一家《财富》500 强企业会把回避冲突作为核心价值观，或者每年举办回避冲突大会和研讨班。然而，根据《有意无视》（*Willful Blindness*）一书的作者玛格丽特·赫弗南的说法，如果你问员工"你们在工作上有没有什么不敢提出的问题？"[7]，85% 以上的人会说有。[8]

选择回避冲突并非没有后果，哪怕对回避冲突的人来说也是如此。瑞典从前奉行的中立政策，就是近期以来一个国家选择听取国民集体回避的声音的例子。由于在拿破仑战争中受挫，瑞典失去了近 1/3 的领土，并把现在的芬兰割让给了俄国。它在二战中奉行中立政策，最终为纳粹德国提供了港口通道和一些资源，此举遭到了很多批评。二战结束后，瑞典选择加入北约，部分地改变了中立政策。最终，回避的声音会像其他声音一样承担责任，只是这种责任会略微延后。它只是优化以获得短期结果的另一种方式罢了。

从瑞典的历史我们可以看出，如果发生冲突的风险较低，回避策略的效果可能是最好的。当世界并未真正处于战争状态，我们也并未受制于完全不公平的要求时，选择不参与冲突除了有可能惹恼身边那些更乐于接受冲突的人，几乎没有什么负面后果。如果我们认为自己说的话不会带来任何改变，那么也就很容易理解为什么一言不发成了富有吸引力的选择——我们不必大费周章，也得到了同样的结果。

唯一的问题在于，回避并不能解决问题；它只是彻底地回避冲突，指望冲突自己消失，问题只会暂时藏起来。回避的声音就像是深藏在土壤中的野草鳞茎，它们悄悄生根，静静地等待时机。但是，尽管回避并非创建富有成效的争论这门艺术的关键，但它仍为我们指明了正确的方向：它承认权力和理性的声音有时候还不够，一定还有更好的做法。没错！真的有！

第四种声音

我们默认的三种声音（权力、理性和回避）都继承自文化，都能在一定程度上解决当前的冲突。但就像把杂草一股脑儿地拔掉一样，它们的解决办法只能奏效一时。每种声音都产生了挥之不去的副作用，最终还可能让最初取得的部分或全部进展彻底泡汤。

权力的声音会造成怨恨和两极分化，因为它限制了人们对各种选择的斟酌考量。那些遭到放逐的选项并不会彻底消失，它们潜伏在视线之外，一有机会就卷土重来，兴许还变得更强大了。

图 2.6 权力的声音的副作用

　　理性的声音打着实用和效率的名义抄了捷径，它倾向于降低成本高、成效低的问题的优先级别。在商业世界中，理性的声音表现为一条截止线：线上的所有项目都可得到资金、人员和预算，要继续推进，而线下的所有事情都推迟到下一季度的规划流程。就个人而言，它体现为一条我随时都能听到的简单建议：聚焦于发挥个人最大优势，而不是克服自己的弱项。在一个充满竞争、处处都是束缚的环境里，这些是完全合理的计划！然而，那些优先级别低、没能解决的弱项会累积起来，融合到一起，长出新的枝干，更强势地卷土重来。

图 2.7 理性的声音的副作用

选择不参与来回避冲突，根本不能直接解决问题，哪怕它能让人从冲突带来的焦虑中获得短暂的喘息机会。

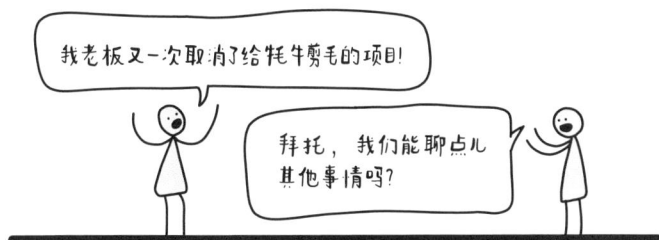

图 2.8 回避的声音的副作用

数千年来，这三种策略都在驱动着人类的决策，副作用和低优先级别的问题经过时间的发酵，变得更加难以对付。此外，我们的世界似乎日复一日地惹上越来越多的麻烦。气候在变化，技术支离破碎，我们的注意力被一点点地贩卖，工作的薪水越来越低，房贷、学费和医疗成本却在不断攀升。我们的现实空间和网络空间似乎变得越来越粗鲁、越来越焦虑、越来越愤怒。最重要的是，我们丧失了跟有着不同观点、经历和价值体系的人就重要议题展开激烈辩论的能力。

随着我们彻底放弃解决冲突，一场大迁徙拉开了帷幕。我们中的许多人正主动考虑或是已经开始离开曾经热爱的社区、空间和对话，因为它们已经变得恶意重重，令人不快。有些甚至变得十分危险。殖民火星的机会一天比一天令人向往，这并非巧合。

人类对自己的命运和应对日常现实的能力感到焦虑。我们开始意识到，哪怕只是为了找到自我，我们也需要花更多的时间来关注自己。这一切归根结底意味着我们并未变得更聪明，面对眼前的问题，我们也没有更接近找到、设计出解决办法。为何如此？因为我们甚至没法儿谈论这些问题。

可能性的声音

"我们漏掉了些什么？""还有哪些别的可能性？"根据现有的资源，我们还能做些什么？""我们还可以找谁来加入这场对话，带来新的视角？"

图 2.9 可能性的声音

第四种声音，可能性的声音，代表了一种与前三种不同的处理冲突的做法。

争论这种方式不再适用，我们需要新的对话和心智习惯来为当今的对话氛围做好准备。前三种声音试图解决冲突，因为它们都把冲突视为问题。可能性的声音争取为冲突赋予生产力，一如老练的园丁知道杂草虽是不讨喜的花儿，但有时候这些不讨喜的花儿也能结出可以做成美味馅饼的甜美浆果。

如果能得到妥善培育，冲突就会像黑莓树丛一样，以独特的姿态融入花园。它将享受灌溉、获得养料、变得健康，并发挥出自己的作用。在一些院子里，一蓬黑莓就该被赶尽杀绝，哪怕陪绑上其他所有的植物，也要清除这种有害的植物。而在另一些院子里，它能成为观赏的中心。与其和黑莓树丛对抗，不如把一场战斗变为有利于植物、花园和园丁的协作。如果能促成后一种局面，就没必要再把它连根拔起了。

可能性的声音非常明确地鼓励我们不要按其他三种声音带来的习惯去行事，即想方设法根除冲突。它鼓励我们退后一步，不要自动顺从冲动寻找解决之道，而是看看有哪些做法能让冲突发挥生产力。它将分歧视为信号，指向某种我们尚未完全理解的东西，尝试从中学习而不仅仅是摆脱它。我们解决冲突的习惯，以及由此产生的对话习惯，都是在一种极度不鼓励冒险、只追求短期成功的环境中演变出来的。我们现在就是要开始对短期成功、所谓"解决之道"提出怀疑，因为这不是分歧能结出的唯一令人感兴趣的果实。

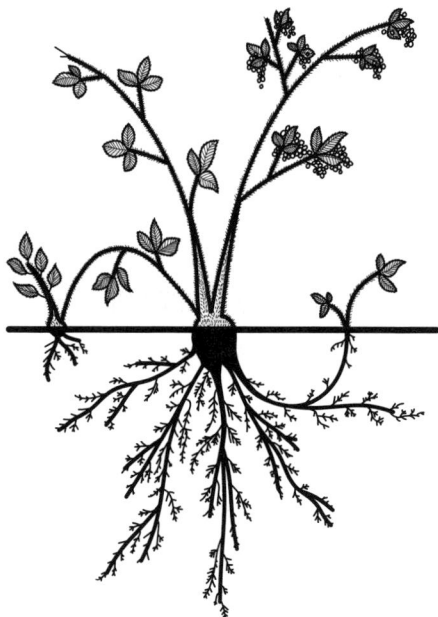

图 2.10 黑莓树

在实践中，可能性的声音把分歧的任何火花都当成出发点，寻找不和谐的根源。从这里开始，它带着深深的好奇心考察其他的观点，直到我们不再因为存在差异而感到惊讶，哪怕这些差异仍然存在冲突。

如果团队里有人不同意你的观点，你不必强迫他们离开，而是要展示你在决策背后所做的工作，邀请对方找出其中的漏洞，或是提出改进建议。

面对一个棘手的项目，你不要长久地权衡将其搁置更久的利弊，而应敞开大门，请人们提出建议，怎样在眼下的种种限制条件下朝着共同的目标前进。

如果伴侣似乎随时都在谈论长久存在的挫败感，你不应无视对方的抱怨，而是要深入挖掘这种挫败感的来源，寻找抱怨表面下存在的真正愿望。

与其在院子里跟黑莓树丛缠斗，摔断了腰、弄伤了胳膊，不如想一想怎么能把黑莓树丛变成黑莓馅饼。

斯多葛学派有一句谚语概括了可能性的声音："障碍就是道路。"

有一点我们必须承认，不管是想要解决冲突的人还是回避冲突的人，都不愿意面对它：我们无法通过短期成功，消除这个世界上的政治分歧。我们不可能打压有关气候变化的争吵，强行推进我们的解决方案，从而把这个问题解决。凭借如今摆在桌面上的解决方案，我们无法真正深入地挖掘精神健康、系统性虐待、企业腐败和极端主义犯罪等问题。我们对短期成功的文化痴迷，就是这些问题出现的部分原因。

图 2.11 四种解决分歧的声音

放下我们对短期成功的深切迷恋并不容易，它们就像是我们习惯性思考过程里的糖果。但一点一滴地，我们可以在餐桌上为更多的可能性创造空间，我们不一定非得接受它们，但我们可以包容它们，给它们机会诚实地展示自己。

第二件要尝试的事

倾听内心的声音

在我们每个人的头脑里，权力、理性、回避和可能性的声音并不一样。重要的是通过这些框架性的描述，弄清它们听起来到底是什么样的。（有时，你可以顺着这些声音追溯到你生活里的人。我常跟朋友们开玩笑说，为人父母其实就是在孩子们的脑袋里安装内在声音的过程，就算他们长大后离开了，他们也仍然能听到我们在耳边说过的话。）这些声音的特点，决定了我们在犯错时会自责还是自怜。它们会提示我们是否配得上自己的成功。如果我们碰到某种认知失调和焦虑，它们会给出紧急建议。

这些声音对谁负责？

你！它们对你负责。

它们此刻在说什么？它们对这一连串的问题感到兴奋，还是在告诉你这很愚蠢？不管是什么，先听听你头脑里的声音，试着判断它是权力的声音、理性的声音、回避的声音，还是可能性的声音。接着，思考几个问题：

现在有什么紧急状况吗？

现在碰到了什么威胁吗？

除了这个，我现在还可以做些什么？

我怎样才能知道这些答案真的符合我的最佳利益？

如果我什么都不做，那又会怎样？

答案可能以文字、图片、感觉或声音的形式出现。它们可能会表现得很清楚，也可能非常难以确定。跟内心的声音对话可以产生真正的洞察力。你可以选择在开车上班的路上跟内心的声音进行形式自由的非正式对话，也可以选择书写的方式，把回答记录在日记里。然而，就本书的目的而言，只要给内心的声音起个名字就足够了（权力、理性、回避和可能性）。从这里出发，我们只有一个目标，那就是找到一些方式来谈论内心的声音，倾听它们，至于你想跟它们聊点儿什么，是你跟它们之间的事。祝你玩得开心！

3

培养诚实的认知偏差

如果

我们不承认

自己的认知偏差，

它就会

躲在阴影里

控制我们。

如果我们生活在一个没有认知偏差的想象世界，那么图 3.1 这三步会顺顺利利地发生。

图 3.1　在想象世界里顺利发生的三步

遗憾的是，在这个循环的每一步，我们都会被认知偏差左右。我们兴许会看到一些其实并不存在的东西，或认为它的意思并不是它真正的意思，又或者采取一些不适合当时情况的行动。

两个人之间的分歧，可能是由你们的所见不同、对其意义的理解不同、你们对该做些什么的认识不同造成的，而这些不同，有可能是这些鬼鬼祟祟的认知偏差导致的。这里最重要的是，我们需要对认知偏差是什么、它们与分歧有什么样的关系、我们应该对它们做些什么达成共识。

图 3.2 现实世界中因认知偏差而发生的三步

这一观察和行动循环里的每个阶段，都与真相的一个领域相关：头、心或手。例如，看到某样东西，我们可能接触的是直接证据，并最有可能想到"什么是真的"：这属于头的领域。当我们在自己的心智模式、信念和偏好中定位这些证据的时候，我们想的是"有什么意义"：这属于心的领域。而当我们弄清它的所有意义、准备纵身一跃（采取行动）的时候，我们想的是"有什么用"：这属于手的领域。

认知偏差对这一切有什么影响呢？事实证明，影响很大。无论我们多么努力地尝试，我们自己的认知能力都存在局限性，无法完全客观地观察、定位或达成目标。关于认知偏差的研究真正兴起以来，丹尼尔·卡尼曼等心理学家已经发现我们和对世界的客观视角之间存在两百多种认知偏差。

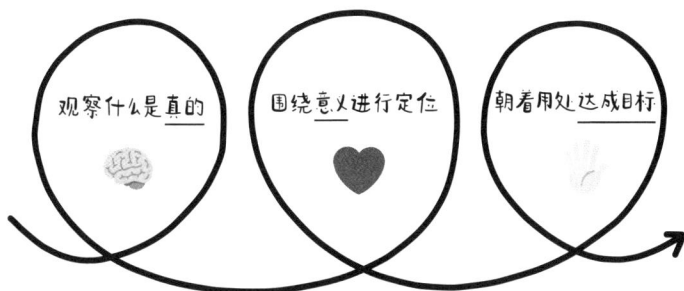

图3.3 观察和行动循环对应真相的三个领域

最常提及的一些认知偏差

可得性偏差：在做决定的时候，只考虑容易想到的选项。因此，不容易想到的事情（不管出于什么原因）就处在了严重不利的位置。

- 在思考别人所做的决定时，我们觉得很明显的选项对他们来说可能并不那么明显。有时候，我们会以为他们是故意回避了明显更好的选项。

- 如果我们尝试预测某件事发生的概率，我们会给更容易想到的可能性更大的权重（我们一般会偏向生动、极端但罕见的可能性），而对不容易想到、比较枯燥或平淡的选项重视不足，哪怕它们出现的概率会更大。

圈内人偏好：较之群体之外的人，我们往往会偏爱自己群体内部的人，给他们更多好处。

- 如果某人穿着一件文字或图案与你就读过的大学有关的T恤，那么跟穿着关于其他大学的T恤的人比起来，你更容易信任前者。
- 我们往往会投票支持、雇用跟自己属于同一社群或人口统计群体的人，或优先考虑这类人提出的设想。

损失厌恶：我们更重视自己已经拥有的东西，并愿意付出比最初为获得它们所付出的更高的代价来保留已经拥有的东西。

- 相比仅仅从桌上看到一盒饼干，如果有人把它递给你又要你还回去，你会愿意花更多的钱把它买下来。
- 相较于赚到同等数量的钱，我们愿意为避免损失采取更多的行动。

认知偏差会改变我们的判断，制造更多产生分歧的机会。有两种普遍存在的对世界的系统性简化，在引发分歧方面扮演了重要角色：我们会对与自己相似的人做无罪推定（而对与我们不像的人疑心更重），我们认为与自己相似的人是复杂而充满矛盾的（而认为与我们不像的人在动机上简单又透明）。从这两种简化思想出发，我们产生了各种各样的成见、刻板印象、歧视习惯和仇外倾向。

那么，我们能把世界上所有的麻烦都归咎于认知偏差吗？很可惜，事情没那么简单。大多数人会说，认知偏差带来的问题在于我们所有人都存在认知偏差，而解决办法就是消除认知偏差。它们不是可以简单修复的思维缺陷：我们没法儿运行调试软件，识别漏洞，给它起个名字，提交一条通知，并系统地从思维模式里一劳永逸地删除每一种认知偏差。认知偏差无法避免。实际上，我们越是尝试避免它们，就越是对自己的认知偏差视而不见，它们也会越发扭曲我们的判断。

认知偏差始终存在，因为它们是我们思考的基础。没有认识偏差，我们会碰到大麻烦，因为我们会接收到如同潮水般猛烈涌来的信息，不带任何过滤，我们将没有任何途径创造故事或根据信息做出决定；每一个琐碎决定背后牵扯到的大量信息和选项，会让我们陷入瘫痪状态。我们演化出认知偏差，就是为了通过创建习惯性思维的方式，减轻信息过载和不确定性带来的冲击，帮助我们在这个嘈杂、混乱、往往缺乏意义的世界里观察、定位并达成目标。

权力的声音可以告诉我们要摒弃认知偏差，但这并不管用。理性的声音可以说出我们的每一种认知偏差，希望一旦曝光它们，就可以让它们彻底离开，但它们不会。回避的声音可以假装它们不存在，但它们确实存在。这些策略并不能真正帮助我们应对人类大脑和社群中存在的认知偏差。还是那句话：我们需要用一种新的方式来处理它们！

唯一的出路是接受并最终认可认知偏差，将它看成人类不可或缺、永远存在的一部分。我们最好的做法就是诚实地承认自己感知周遭世界能力的局限性。认识到这一局限性，我们才有可能相互依靠，互相补足自己看不到的部分，并对有可能漏掉的新视角保持开放心态。

认知偏差小汇总

撰写这本书的背景[1]是我汇总了全世界总计 200 多种已知的认知偏差，维基百科上显得十分杂乱的"认知偏差列表"页面已经就此做过描述。我写的那篇文章最终触及了来自心理学、经济学再到学术界等各个领域的 100 多万人，还有很多人出于单纯的好奇（而非出于专业需求）阅读了它。

在那篇汇总文章中，我提出了上述观点：我们所有的认知偏差都是为了替大脑解决问题而存在的，它们不是我们思维中的"垃圾"，而是在很多方面都有用的捷径。没错，它们确实会带来副作用，但如果不承认它们的意义，我们就无法消除这些副作用。

我把所有的认知偏差归纳为几类难题。已知的 200 多种认知偏差都是为了绕过这些难题的产物。出于纯粹的演化必要性，我们发展出了技能、实践和习惯，帮助我们解决这些难题。这几道难题分别是：

1. **信息太多**。这个世界上的信息太多了，任何人都无力应对。我们每个人在空间和时间上都占据着自己独特的位置，相对于我们对自己位置的了解，我们缺失了大量有关其他所有时空位置的信息。我们之所以能看到任何一样东西，恰恰是因为几乎所有别的东西都已经先被过滤掉了。

2. **缺乏足够的意义**。除非我们能将信息包装成一个易于理解的故事，否则任何信息都没有意义。信息断断续续、杂乱无章地来到我们面前，直到我们将它们串起来，赋予其意义。这就是我们在世界上自我定位的做法，但这并不妨碍别人用不同的方式将其串联。

3. **时间和资源不足**。尽管我们面临着时间、资源、注意力、精力和机会方面的限制，但我们仍然必须把事情做完。没有人拥有无限的时间和资源，这意味着我们总是需要凭借自己所掌握的部分信息就投入行动。

这些都是宇宙级棘手难题，我们没有任何机会彻底解决。我们能做的，也一直在做的，就是在这些无法解决的问题所带来的限制条件下行事，而这就是认知偏差的来源。它们会充分利用现有资源。这三大难题里的每一个都包含 3～5 个大类的认知偏差，它们的作用是帮助我们规避难题，最终加起来就是 200 多种已知的认知偏差。

大难题、策略和认知偏差是怎样建立关联的

大难题：时间和资源不足（手的领域）

策略：坚持既定方案

认知偏差：规避损失

让我们来想一想职场中常见的一个分歧："我们应该雇用谁来从事某项工作？"听起来似乎不像是传统意义上的分歧，但请仔细想想看。整个程序就是应聘者和面试官之间的争论。如果应聘者能够说服面试官，让后者相信自己有能力胜任这份工作，应聘者就赢了。但如果面试官不为所动，应聘者就输了。然而，其中还有一个共同的目标，那就是应聘者和面试官能够达成一致，并将这个结果作为建立工作关系的跳板，让他们在未来受益更多。也就是说，哪怕是这种功能性很强的分析，也存在很大的空间可供认知偏差潜入。

1998 年，我在亚马逊工作，当时它大约有 2 000 名员工。那时候的亚马逊只卖书和 CD（激光唱盘）。它当时正处在一个需要大规模面试的超高速发展时期；7 年后我离开时，公司已有 15 000 多名员工。那时候这个数字似乎很大，但到我最近一次查证时（2019 年），亚马逊已经在全球拥有超过 60 万名员工。那是我第一次从事一份需要进行许多面试的工作。起初，我讨厌面试，因为它极大地分散了我的本职工作精力。还有一部分原因在于它难得出奇。在这么短的时间里，又只掌握了那么点儿信息，似乎不可能判断录用谁、拒绝谁。那时我也很年轻，没什么经验。离开亚马逊之后，我还在推特、Slack 和其他几家处于超高速发展期的初创企业工作（对很多早期科技创业公司来说，超高速发展很正常）。在过去的 20 年里，我面试过 1 000 多人，这在科技行业其实并不少见。

考虑一下这样的场景：你在招聘小组里，有一名应聘者申请你团队中的一份工作。这份工作是项目经理——这个人必须做事井井有条，跟踪一个内部相互依存度很高的大型项目中的许多活动部分。他需要具备优秀的沟通技巧，因为他要跟很多不同的团队交流，而这些不同的团队还并不一定要向该项目经理所属的部门汇报工作。他需要极度关注细节，因为他的工作就是确保毫无疏漏。你有一个小时来对这个人进行面试，然后对雇用此人表示支持或反对。这个决定会对你团队将来的生产力、团队成员的职业生涯、团队内部和上级公司的一大堆关系产生巨大的影响，而这一切无从预测。好了，现在去做吧。

难题一：信息太多

信息过载影响头的领域和观察。

刚开始的时候，我们甚至不会考虑会有很大比例的合格的求职者，因为光是把他们找出来就不容易。我们会把招聘信息放在几个高曝光渠道，但我们没法儿把它们投放在所有可能的地方。（就算我们能，我们也没法儿看完所有的求职信。）

我曾经担任某些岗位的招聘经理，一个职位可能会收到 500 封求职信。在这种情况下，第一关一般是把求职信分发给若干人，让他们选出最出彩的。最出彩的求职信，往往受制于我们的认知偏差。我们会留意到一些"有趣的"东西，它们将证实我们对这个职位的合适人选的假设，但这些东西不见得跟求职者的能力直接相关。

每当选项多得超过了我们的实际斟酌能力，我们就会依赖以下 5 种策略（代表 50 种认知偏差），把选项缩减到更便于管理的数量。

★ **策略 1：依赖背景（语境）**

我们的注意力和记忆力都很有限，所以，我们会使用当前的背景（语境）来帮助提醒应该关注些什么。

⚡ **策略 2：脑海里出现什么就接受什么**

我们最近想过或接触过的东西，会率先出现在脑海里，它们比其他事物更容易提取。

✎ **策略 3：放大反常点**

我们的大脑会突出强调那些不同寻常或出人意料的事情，因为它们更有可能是重要的。这些反常点有可能是威胁，也可能是机会。

● **策略 4：注意新的和不同的东西**

每当新事物出现或某事发生了改变时，大脑会提醒我们，因为它可能很重要。除了变化，我们还会注意变化的方向，这有助于我们判断它是好是坏。

✷ **策略 5：寻找关键点**

为减少需要思考的信息量，我们只关注那些自己认为以后需要记住的部分。

为培养面对信息过载的诚实的认知偏差，我们需要接受如下事实：我们的选择过程，并没有为所有的可能性提供公平的机会。我们从这一事实出发激发对话，挑选最合适的工具和流程，缩减选项数量以创建最合适的子集，因为我们知道，只要使用工具，就总能带来进一步的改善。

如果我们做好了这一点，当有人指出过程不够公平时，我们就不会感到焦虑，因为我们本来就知道。我们不会做出防御性的反应，反而可以利用他们的观点，帮助思考怎样让过程变得更公平，同时也知道它永远不会变得完全公平。我们的对话可以集中在不完美、预算限制、时间限制等灰色区域的权衡上。

难题二：缺乏足够的意义

♥ 模式匹配影响心的领域和定位。

我们利用认知偏差把零散的数据点变成故事，为我们创造意义。这种捷径的缺点是，我们对意义的探索有时会带来幻觉：我们用假设、概括和刻板印象来填补空白，接着却忘记了哪些部分是自己虚构的。

我做过的大多数面试都是 30 分钟或一个小时。有时候，面试前会先做一轮电话筛选，也有时候，如果面试过程中出现了新问题，还会做第二轮面试。之后，我通常会跟招聘小组的所有人讨论（可以是书面形式，也可以是面对面形式）候选人的情况，然后做出决定。这就是用来做出此类重大决策的典型信息量，尽管并不是太大，但考虑到招聘工作每天占用我 50% 以上的时间，它还是显得太多了。除了构建支持"强烈建议聘用"和"拒绝聘用"这两个决定的故事，我们别无选择。

构建故事最常用的方法是通过基于性别、种族、宗教和年龄的刻板印象进行模式匹配——所有这些特征都是受到保护的，法律不允许你基于此类特征采取歧视态度。但这并不意味着它不会发生，因为我们对这些特征的联想一开始往往是无意识的。由于信息有限，我们无法对一个人进行完整的评估，因此我们会寻找一切可供利用的替代特征，来获取指向我们在面试过程中需要评估的个性特点、能力和其他软技能的信号。我们借助这些刻板印象，来对人们的思维模式和未来行为进行推测。我们还会优先选择自己熟悉而不是陌生的细节——我们的闲聊就是一种寻找自己跟他人共同之处的微妙方式，而这又会左右我们对一个人的整体看法。

以"我问应聘者怎么解决这个问题，他没能给出可信的答案"或者"我觉得他们没法儿组建一支工程师团队来提供支持"这样的反馈为例，没有简单的方法能将这样的反馈跟无意识的认知偏差联系起来，哪怕我们是在评估自己的观点！我曾询问过去工作过的几家公司的招聘主管，他们一致承认，这是一种让人感到遗憾的情况，虽然人人都知道它，但它仍然无法避免。你可以尝试提醒面试官集中注意力评估特定素质，但刻板印象早就深深地潜伏在我们的思考过程里，我们哪怕意识到它们的存在，也不能让它们消失。我们能问的唯一问题是，怎样才能减少无意识刻板印象造成的损害——尽管我们无法根除它。

每当我们不得不根据有限的信息得出一个观点或故事时，以下这 5 条策略性捷径（代表 105 种已知的认知偏差）可帮助我们找出线索，为嘈杂的世界赋予意义。

🐚 **策略 6：填补空白**

我们强烈倾向于用概括、刻板印象和猜测来填补空白，从而将散落的数据转化为有意义的故事。但在这之后，我们常常无法分辨哪些部分是真实数据，哪些部分是我们填补的。

🧸 **策略 7：偏爱熟悉的东西**

我们倾向于认为，自己熟悉或喜欢的事物和人在本质上就比不熟悉或不喜欢的事物和人更好。

⑧ **策略 8：体验即现实**

我们通常认为，自己的体验是对现实的一种客观看法，并将当前的情绪、心态和假设投射到其他事物上。

🎞 **策略 9：简化心智运算**

我们会简化概率和数字，让它们更便于思考。

⚔ **策略 10：过度自信**

我们必须对自己产生影响的能力有信心，并感觉自己所做的事情很重要。

针对在有限信息基础上构建故事这个方面，为培养诚实的认知偏差，我们首先需要停止在个人层面寻求干预。要保证候选人得到不同招聘小组的评估。尽管每一位招聘成员都会带着不同的刻板印象进行评估，这有助于找出并纠正一些最恶劣的判断失误，但它并不能彻底地消除刻板印象和以偏概全的做法。我们必须始终对新的方法保持开放心态，这样，我们才不会对自己的以偏概全、妄自揣度视而不见，当有人把它们揭示出来时，我们也不会为自己开脱辩解。

难题三：时间和资源不足

> 🤚 这些限制条件影响了手的领域和付诸行动。

我们永远没有足够的时间、资源或注意力来完成所有需要做的事情，所以我们会根据现有条件迅速得出结论，然后继续前进。我们利用认知偏差把故事变成此刻的决定。这种习惯的缺点是，快速做出的决定可能存在严重的缺陷，因为它们未经充分考虑。我们迅速做出的一些反应和决定是不公平的、自私的，达不到预期目的。

成为一个"能拿主意的人"通常会被看成一项宝贵的领导特质。亚马逊甚至公开宣传"崇尚行动"[2]是该公司的 14 条领导力原则之一。亚马逊网站上对这一原则定义如下：

崇尚行动

在生意场上，速度很重要。许多决策和行动是可逆的，不需要广泛研究。经过计算后承担风险，是我们珍视的品质。

杰夫·贝佐斯在 2016 年写给股东的信中，进一步扩展了这一观点。他探讨了"第一天"公司（他用这个名字指代那些永远以初学者心态运营的公司，而这也是他的偏好）和"第二天"公司（那种认为自己已经弄清楚了一切的公司）在运营上的区别。

高速决策[3]

"第二天"公司会做出高质量的决策，但是它们做出高质量决策的速度很慢。为了保持"第一天"式的活力和动力，你必须以某种方式做出质量高且速度快的决策……

第一，永远不要采用统一的决策流程。许多决策都是可逆的，可进可退。做这些决策可以采用轻量化流程。

第二，大多数决策可能在你掌握了约 70% 希望掌握的信息之后就应该做出。如果你等到掌握 90% 的信息才做，那么在大多数情况下，你的动作恐怕就慢了。如果你擅长修正路线，那么犯错的代价可能比你想象的小，而速度慢的代价却肯定很高昂。

第三，请使用"虽不同意，但愿执行"这句话。它能节省大量时间。如果你对特定方向有信心，哪怕没有共识，你也不妨说："听我说，我知道我们在这件事上存在分歧，但你愿意跟我打个赌吗？你哪怕不同意，也先做做看？"事情进展到这一步的时候，没人能肯定自己知道答案，对方兴许会回你一个爽快的"行"。

这句话也不只是下级对上级说的。如果你是上级，你同样应该这么做。我不同意，但我随时愿意执行……

第四，尽早意识到真正的失调问题，并立即上报。有时候，不同的团队有不同的目标，以及在根本上就不同的观点。讨论得再多，开再多的会，也无法解决这种深层次的失调。如果不上报，这种情况下默认的争端解决机制就是互相消耗。谁的耐力更足，谁就能获得决定权……

"你把我拖垮了"是一种糟糕的决策流程。它速度慢，而且消耗精力。快速上报吧——这样更好。

杰夫·贝佐斯素以提出有违传统、易引发争议但又极其实用的建议闻名。他尤其着迷于与决策相关的时间和资源限制。我们没有足够的时间考虑所有的信息，为每个决策说服相关的每个人——想都别想。虽不同意，但愿执行。如果这是一扇可进也可出的门，那就执行一个决定，哪怕你有 30% 的概率会出错，不得不回过头来重新选择。在我们所举的招聘例子上，这句话有着显而易见的影响。有些公司会鼓励招聘团队这么做：团队只有非常相信应聘者能胜任工作，才能让他上岗。如果公司规模很小，每次招聘都会对整个业务产生实质性影响，这么做就是很有必要的。可如果你已经达到亚马逊的规模，每年你要雇用成千上万的人（一天就要雇用几百人），那么时间限制是真真切切的问题，应当加以考虑。

Facebook 早期的座右铭是"快速行动，打破常规"。[4] 硅谷和其他一些行业还有一条座右铭是"伪装一切，直至成功"。还有一句是"快速失败"。这些说法都是在尝试强化行动偏好，因为行动比迟疑不决好，而迟疑不决注定会导致决策拖延出台，同时并不能大幅增加其正确概率。

不光亚马逊、Facebook 和我们的大脑在做决定时采取这种态度，它还是我们的文化和价值体系的一部分。

每当花费太长时间要付出代价，或快速行动会带来优势的时候，最后这 3 种策略（代表 34 种已知的认知偏差）都有助于我们提高采取行动的信心，不再拖延。

🐢 **策略 11：坚持到底**

我们有动力去完成已经投入了时间和精力的事情，而不是中途改变方向。

🐍 **策略 12：保护现有信念**

如果我们的信念受到挑战，我们往往会自动去捍卫它们，而非质疑它们。

🐰 **策略 13：做稳妥的事**

在所有条件相同的情况下，我们一般会选择自己认为风险较小的道路。

当需要在不确定情况下采取行动时，为了培养诚实的认知偏差，我们可以采纳杰夫·贝佐斯的建议，承认如果发现错了，我们可能需要从头再来。我最喜欢的亚马逊领导力原则很好地抓住了这一点。原则四是这样的：

决策正确[5]

　　领导者在大多数时候是正确的。他们有着很强的判断力和出色的直觉。他们寻求不同的观点，会努力否定自己的信念。

　　乍一看，这似乎与我们到目前为止所说的观点矛盾。但如果仔细品读这段话，你就会发现，只有当领导者寻求不同的观点，努力否定自己的信念时，他们才会在大多数时候是正确的。他们在大多数时候都是正确的，恰恰是因为他们会尝试去发现自己是不是错了，接着改变自己的想法，让它变得正确。简而言之，这就是我们培养诚实的认知偏差的做法。

但说真的，我怎样才能不偏不倚呢？

　　我理解这个问题背后的渴望。就面试求职者而言，希望减少认知偏差，最终招聘到更优秀的求职者，这合乎情理。

　　罗宾·迪安杰洛（Robin DiAngelo）写过一本书，名叫《白色脆弱》（*White Fragility*），它探讨为什么白人难以谈论种族主义。书中深刻而巧妙地阐述了所有认知偏差蕴含的核心悖论：

跟很多人一样，如果我们成为明确反对种族主义的成年人，我们往往会围绕对自己种族特权的否定来组织个人的身份认同，这种种族特权会强化他人的种族劣势。[6]

这种矛盾心态特别成问题的地方在于，白人对种族主义的道义反对，反而增加了他们对"自己也牵涉其中"的抵触情绪。

这一理论阐明了与减少认知偏差这一目标相关的一个重要观点。迪安杰洛说的是，当我们理解了种族主义是世界上的一个非常现实的问题时，我们会尝试构建一种身份，让自己远离这个问题。用种族主义术语来说，"我是色盲"这个说法指的是那些自称没有种族主义倾向的人，因为他们以此为目标。他们的意图很可能是真诚的——通过与种族主义保持距离，白人更容易指出它的问题，并对其加以谴责。

遗憾的是，种族主义的影响远远超出我们的思想范畴，蔓延到了我们的制度中、平台上和环境里，我们根本做不到对肤色视若无睹。认为自己对种族偏见具备了"自我觉察"的能力，只是在激励我们不去管它。生活在一个被种族偏见渗透的世界里，白人从一开始就以无数种方式得益于种族主义了：他们上的学校，他们的老师、父母，他们看的电影、读的书，政府的法律，等等，全都受到了种族主义的影响，维护白人至上。

迪安杰洛针对那些想在我们生活的世界里，尽己所能帮助他人的人提出了一些建议，我很喜欢。他建议，要把有关我们自己和这个世界的部分假设进行内化。对尝试接受自己内心和社会中存在的种族主义的人，她给出了如下部分设想，我把它们分别对应到了头、心和手上：

🧠 什么是真的？

- 种族主义是根植于美国文化的一套多层次体系。[7]
- 所有人都融入了种族主义的社会体系。
- 种族主义无法避免。
- 考虑到我所受到的社会规训，我很有可能是一个不理解这个议题的人。

❤️ 什么有意义？

- 种族主义十分复杂，我不必理解反馈中所有的细微差别来验证反馈。
- 真正的反种族主义很少叫人觉得舒服。不舒服是我成长的关键，是可取的。
- 我身上带着自己所属群体的历史；历史很重要。

✋ 什么有用？

- 认知偏差是隐性的、无意识的；如果无法坚持不懈地努力，我们很难意识到自己的认知偏差。
- 很难对种族主义给出反馈；我怎样获得反馈，跟反馈本身比起来没多大相关性。

- 愧疚的解药是行动。

- 没有任何东西能让我免受种族主义的影响。

- 种族主义无时无刻不在伤害（甚至杀害）有色人种。让它走向终结，比我自己的感受、自我或个人形象更重要。

　　她提供的信息是相当清晰的。白人应该放弃减少种族歧视的努力吗？不。白人能免受种族主义的影响吗？不。这里跟种族主义和认知偏差相关的最大启示是：不舒服是我们成长的关键，是可取的。放弃（也就是回避）是一种解决不舒服、回到熟悉地带的方法。它不会带来成长，因此不可取。

　　请跟我一起重复：不舒服是我们成长的关键，是可取的。

　　这句话无疑会在你身上激起一些焦虑，权力、理性和回避的声音现在正跃跃欲试，想要给出回应的建议。倾听它们，但不必立刻赞同。我们怎样才能正视自己永远无法磨灭的认知偏差、种族主义、性别歧视、仇外、排他天性（这些天性源自我们的位置和对三大宇宙级难题的定位）而又不发疯呢？

　　提示：我们不能通过思考来消除认知偏差。

　　不舒服是我们成长的关键，是可取的。焦虑是我们成长的关键，是可取的。这些不舒服和焦虑，到底是怎么产生的呢？是因为想要找到答案，想要解决问题，想要让问题消失。要消除一切错误的东西，代之以正确的东西。要用好的取代坏的。要解开谜题。要化阴为阳。要逃离威胁。要创造闭环。要解决分歧。

这种对完成闭环的欲望，深深地刻在我们的心理状态当中。如果一句话没说完便戛然而止，那会怎样？为什么切片百吉饼会触动某些人？这种紧张和释放之间的动态关系，让我们因为笑话而莞尔，随着音乐而舞蹈，每天早上从床上爬起来看看这一天将会发生什么；同样是这套机制，使得我们很难容忍未解决的事情。

理智的声音告诉我们，要么找到解决办法，要么放弃这个问题。不管用哪种方式，它都希望搞定这种不好的感觉。考虑到我们在这世界上的局限性（不管是生理性的还是社会性的），没有最终解决方案，但我们不能忽视这个问题。我们要做的是老老实实地承认自己的不舒服，让它在我们的身体里活下去，因为它指引着我们走向成长之路。就算没有终极的"彻底成熟"状态，我们也仍然需要走上这条路。我们需要培养诚实的认知偏差，因为它提供了一个介于觉察和解决之间的位置，让我们能对问题保持开放心态，同时感受到开放式结局带来的不舒服，这才是真实的生活状态。

第三件要尝试的事

培养诚实的认知偏差

我们继续按下面 4 个步骤，踏上培养诚实的认知偏差的道路。

步骤 1：**选择加入**。培养诚实的认知偏差，首先要求我们清醒地认识到自己的盲目性，不再试图假装它不存在。只有你才能决定愿不愿意接受挑战。

步骤 2：**观察（初级）**。采取措施，减少你用来隐藏或无视自己的认知偏差或盲点的时间和精力。例如，阅读本章信息，熟悉各种认知偏差。注意你的防御机制什么时候会被触发，并检查（a）你此刻是否真的处于危险当中，（b）有没有机会从新的视角学习（哪怕只是很小的事情）。

步骤 3：**修复（中级）**。采取措施，减少你识别、着手修复由个人认知偏差与盲点导致的无意伤害所花的时间和精力。例如，当你注意到一个盲点时，仔细观察它，识别出有哪些人、哪些观念可能遭到了你和他人的低估或者伤害。想办法扭转这一趋势，修复伤害。

步骤 4：**正常化（高级）**。采取措施，使他人少花时间和精力寻找你的盲点、请你处理你造成的伤害。例如，主动寻找能给你自己带来挑战的信息和观点。邀请立场和你不同的最佳代表展开富有成效的争论。主动尝试证伪自己的信念。

从本质上看，步骤 2 到步骤 4 都是朝着减少认知偏差所造成的伤害这一目标努力的，但是初级阶段是被动地接受涌入的信息，而中级和高级阶段则是越来越积极主动地寻找信息。关于步骤 1，也就是接受认知偏差的存在并选择直面这一事实，有一份你与自己达成的契约：接受自己的认知偏差，可以采纳它也可以修改它，使它符合你的审美偏好。这是《白色脆弱》里介绍的契约的扩充修改版，包含了各种形式的认知偏差。仔细思考下面这些陈述，你随时可以用自己的话重新表述它们。

我会努力接受自己的认知偏差，这意味着我愿意：

1. 承认我的局限性和独特的视角。

2. 邀请带着不同视角的人参与讨论。

3. 如果有人指出我的盲点，我要开放地倾听。

4. 接受由此而来的不可避免的不舒服，并把它当成一份礼物。

由于注意力、意义、时间、资源和记忆等方面存在的限制，我总是会被迫抄一些策略性捷径，它们会系统性地忽视特定类型的信息。没有人能避开认知偏差，包括我。没有这些策略，我会因为不确定性而陷入瘫痪状态。

我所使用的策略还会系统性地忽略给他人带来的不利与伤害，如果不付出大量的精力，我根本意识不到这一点。

努力避免认知偏差主要是为了寻求舒适感，而舒适感导致了对现状的维持。

我一定不能误把舒适感当作成长。诚实的认知偏差很少叫人觉得舒服；不舒服是我成长的关键，是可取的。

周围的环境在强化我的认知偏差。这包括我身边的社群，我为获取有关世界的信息而使用的产品和服务，甚至我所属的机构。

认知偏差没有解药，但可以加以管理：要诚实地自我反省；要求获得考虑周全的反馈；不管反馈如何都愿意面对它。

认知偏差是致命的。我们无法避免它，而且必须处理它。这种觉悟令人不安，但不管走到哪里，我都必须铭记于心。

我不允许自己放弃尝试从自己的思考和行为中消除认知偏差。我也不能让自己因为无法完全信任自己的思考过程而陷入瘫痪状态。

斯坦福大学的教授兼预测专家保罗·沙福（Paul Saffo）写过一篇颇受欢迎的文章，题为《强势的观点，软弱地持有》（*Strong Opinions Weakly Held*）。[8] 这个标题成了科技行业不少人的口头禅，因为它提供了一种略微违背直觉但实用的方式，让你一只脚踏上行动之路，另一只脚接受不完美的思考。

让直觉引导你得出结论，无论它多么不完美——这就是"强势的观点"部分。接着——这是"软弱地持有"部分——证明你自己错了。投入创造性的怀疑。寻找不吻合的信息或指向完全不同方向的指标。最终，你的直觉会运转起来，一个新的假说会从废墟中浮现，准备再次遭到无情的撕毁。你会惊讶地发现，一连串的错误预测会迅速地带给你有用的结果。

这跟拳王阿里的著名建议"像蝴蝶般飞舞，像蜜蜂般蜇刺"[9]

没有太大不同。"像蝴蝶般飞舞"的意思是，我们应该乐于轻松且经常地改变想法，始终寻找更适合现状的位置。"像蜜蜂般蜇刺"的意思是，我们仍然在很大程度上依赖这些立场，并在此基础上做出决定，果断采取行动。

我们必须这么做，并邀请别人就我们的盲点提出反馈；我们要乐于看到反馈，尽量对其做出纠正，而不是满心戒备。罗宾·迪安杰洛总结得很好：

> 这是个持续一生的混乱过程，但为了让我宣称的价值观与我的实际行动保持一致，我又必须这么做。它深深地吸引着我，也有着强烈的变革意义。[10]

培养诚实的认知偏差，将消除一整个缺乏成效的分歧大类：它来自我们的生活，出现在我们误以为自己所见的现实未经过滤的时候。当你的信念受到家人、配偶、同事或朋友的挑战时，不要马上下结论说他们错了，相反，你可以自问是不是漏掉了一些他们看到而你没看到的东西。

与其说"我才是对的！"，你可以说："我没看到你看到的东西。你能帮我梳理一下吗？"你没有掌握足够的信息，无法判断自己是否真的理解了他们的话。别动怒，保持好奇心。这么做将从根本上改变你与人、观念和世界的关系，让自己更加开放和包容。它将改变引发焦虑的不和谐，为各种可能性的建议创造空间，让你能更清晰、更频繁地听到它们。

4

为自己发言

我们推测他人想法的能力
是很差的。
所以，
我们要邀请当事人自己
来表达内心的真实想法。

在针对富有成效的分歧展开实验的过程中，我注意到的最令人惊讶的一件事是：每当人们不再从自己的角度说话，而是尝试揣测他人的观点时，事情很快就会脱离正轨。你兴许听过一个解决冲突的建议：我们应该使用"我感觉"一类的说法，而不应该用"你是"或者更糟糕的"你觉得"。[1] 当然，认同它是一回事，付诸实践就完全是另一回事了。

我们难以预测他人的想法，而第 3 章的策略 6（填补空白）和策略 8（体验即现实）尤其会让我们通过刻板印象和概括创建故事，接着将自己的内心状态投射到他人和世界上。接着，我们会很快忘记哪些部分是事实，哪些部分是我们自己填补的。

如果他人的观点跟我们的不同，我们也并不太擅长再现他们的观点。我们会对其进行过度的简化，夸大缺点，用刻板印象填补空白。消除这些局限性的方法很简单：我们有为自己发言的责任，同时也有邀请他人为自己发言的责任。

有什么是不能争辩的?

当我们发自内心地说出自己的观点、偏好、价值观和意义时,我们就会透露一些别人绝对无从争辩的东西。反过来说,当我们尝试为别人发言时,我们是在推测一些我们没有权利主张的事情,而对这些事情的看法完全可以由他们本人提出。

因此,在涉及属于心的领域的议题时,不管是我们为别人发言,还是别人为我们发言,双方都很容易陷入分歧。这种事经常发生。

让我们以谈论政治为例,因为它会揭示犯这样的错误、陷入极其无益的分歧是多么容易。在 2016 年美国总统大选期间,近代史上规模最大、最缺乏成效、最令人不快的一场争论进入了沸腾状态。[2]

我有几个从高中时代开始就十分亲近的朋友。我们第一次遇见是在学校的越野赛跑队,当时我们跑步跑得笨手笨脚的,但全都自认为是自由的思考者(兴许更多是渴望成为这样的人,而不是现实)。有三人信教,有两人秉持无神论。有两个人连咖啡因都不碰,而另外有几个人不光喝酒,偶尔还为了消遣服用违禁药品。我们当中有几个想结婚,生很多孩子,另外几个短期内不想跟任何这类事扯上联系。我们有着一套尊重他人差异的共同核心价值观,哪怕我们彼此极为不同。与许多类似的朋友圈一样,我们多次互相嘲弄、挖苦,偶尔也吵架,但都出于善意。

善意（good faith），来自拉丁语的 bona fides，它是一种真诚的意愿，无论互动的结果如何，都要做到公平、公开和诚实。

25 年过去了，我们搬到了美国和世界的不同地方。有一个朋友叫贾里德，是埃克森美孚石油公司的律师，住在迪拜，有五个孩子。有一个名叫内森，是得克萨斯州的一名特殊教师，也有五个孩子。克里斯是佛罗里达州的一名仓库经理；吉米是一名摄像师和摄影师，为互联网媒体公司 Vice Media 和半岛电视台等客户服务，他经常在欧洲和亚洲的偏远地区工作。而我一直待在相对稳定的地方，在科技公司和初创公司工作，比如亚马逊、推特、Slack 和付费创作平台 Patreon，以及我自己的几家公司，它们现在扎根于湾区，我的妻子和两个孩子也生活在那里。随着时间的推移，我们各自的政治倾向也变得不同。尽管开过善意的玩笑，但我们能够以一种富有成效和尊重他人的方式与彼此讨论非常不同的立场，并且为此感到自豪。

从 2016 年 7 月开始，我们当中有五人就政治展开了一场群聊，它一直持续到大选结束。这期间我们来来回回做了 3 万多字的文字交流，主要是关于我们每个人怎样从不同的政治角度解读同一件事。11 月 8 日，选举结果出来了。吉米和我投了希拉里·克林顿的票，克里斯没有投票，内森把票投给了一位未列名候选人，贾里德拒绝透露他投了谁的票。在选举的后期计票中，我们都震惊了。尽管我们立场不一，但我一直以为大家都期待希拉里赢。

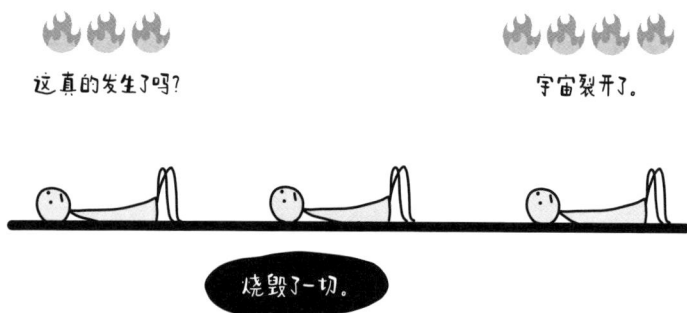

这真的发生了吗?　　　　　　　　　宇宙裂开了。

烧毁了一切。

图 4.1 面对三场不一的反应

　　我无法应付了。群聊再次开始，我们从不同的角度分析发生了些什么，对未来做预测，等等。但我只是发消息说："我崩溃了。我需要些时间。"唯一还没完全退出服务的声音——回避的声音——说服了我：我只能走开，假装冲突不存在。我的朋友们跟我有着不同的世界观，但其产生的冲突不如我的大，他们试图宽慰我，对我说一些鼓励的话，告诉我这最终对美国有好处。"这是一记警钟，"贾里德说，"你至少可以去想想它可能带来哪些积极和消极的影响。"

　　但我看不到这些。"我做不到。我需要些时间来处理。我很抱歉。我还需要些时间。"我反复说着同样的话，我知道自己通常会拿出更多理由，但这时我什么也想不到。我不知道自己需要多久，但我迅速退出了群聊，也没有承诺什么时候回来。由于误会了这么多事情，我的理性的声音陷入了沉默。此前 6 个月里发生的所有事，在美国大选那一刻达到了高潮。而我在这波高潮里对富有成效、理性、诚实的对话丧失了信心，于是决定彻底避免对话。(几年后，回过头来看我们的对话线索，我发现朋友们提出了一些我当时并未充分考虑的有力观点。)

与此同时，特朗普的总统任期将在接下来的几个星期、几个月和几年里持续下去。我内心深处知道，逃避最终不会是一个令人满意的选择，但我也不认为理性会带来什么不同。如果我跟自己最亲密、最信任、最尊敬的朋友们用了 6 个月的时间就一个投票决定写了 3 万多字都没法儿带来些许改变，那要用多少文字、多少理由才能打动投票支持特朗普的 6 200 万名选民，以及近一亿名根本没有参加投票的合格选民？

最糟糕的部分不在于我想不出怎样说服 1.62 亿人我是对的，而是我意识到，我根本不知道我想要说服他们什么。我漏掉了一些对很多人来说一目了然的东西。与其他严重的集体认知失调时期不同，我不再相信我们还有工具来探究自己是否正确。如果改变思想不可能，那么是什么把它们固定下来的呢？是理性吗？似乎并不是，因为如果是，那么同样依靠理性也能改变它。此外，用暴力让人们去投票毫无意义，而不投票或不谈论政治又肯定只会使问题变得比现状还糟糕。我真切地感到，美国就像一艘正在下沉的船。我没有做任何有帮助的事情，而是"瘫痪"了——同时突然感到自己也卷入了沉没的过程。我们做了什么导致了这种局面？我做了什么？我能做些什么来帮忙扭转它呢？

就在这时，可能性的声音第一次喃喃地对我说起了连贯的话语。那是一把平静的声音，请我尽可能地保留判断，跟矛盾的观点并排而坐，不惊慌失措、掀翻桌子。

想到这一点，我想起了内森，他是朋友圈里的保守派，在整个选举季都认为特朗普和希拉里两人都不值得去投票支持。他最终选择投票给一位未列名候选人——"我们人民"。他并不是唯一一个这么做的人——较之2012年，在2016年的美国总统大选中，选民投给非候选人的选票激增了7倍之多。当我聆听理性的声音时，我完全不明白这么做的意义。事实上，我还觉得这么做令人反感。投票制度旨在鼓励人们为自己最想要的结果投票。投票给选票上未列名的候选人，就和压根儿不投票一样，而根本不投票就等于断绝了施加影响的希望。在整个辩论过程中，直到选举之前，我都认为这样的选择极为荒唐。

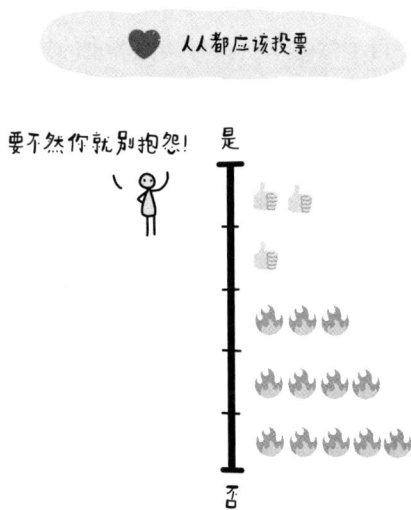

图4.2　理性的声音对投票的看法

现在，我在回想内森的话时，听出了不一样的含义。假设所有现行选择都不够好，那么能否通过不投票来消极地使用一张选票？我脑子里理性的声音非常合理地指出，这不是达到任何可取目标的最佳手段。然而，在一套旨在让人人都投出一票的制度中，内森只能通过自己的投票方式来表达政治立场。如果他就是要选择这么使用自己的投票权，我真的能断言他的做法是错的吗？我能判断他内心应该有怎样的感受吗？可能性的声音让我意识到，如果目标是让人人都可为自己发言，那么不投票或许是民主制度下为自己发言的一条切实可行的途径。我说"或许"，是因为可能性的声音认为没必要立刻决定一个观点是不是绝对正确的。

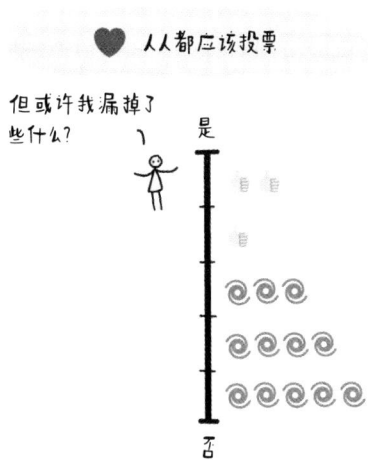

图 4.3 可能性的声音对投票的看法

人人都有一张选票

倾听可能性的声音会带来一种副作用，那就是到处都会冒出开放式问题。在平常的日子里，倾听着理性的声音，我可能会这样问："我现在想打开这个麻烦的罐子吗？"以及"我希望从这次对话中得到些什么？"这些都是合乎逻辑的问题，当我主要受到寻求目标、获取意义的活动的驱使时，它们也很有意义。但如今，在涉及政治谈话的时候，我的脑海里不再有目的地，我只是好奇地探索自己不知道的事情，主动向困惑走过去，而不是远离它。我会这样形容这种感觉：如同置身于一个中性的心智空间，各种矛盾的观点彼此纠缠，悬而未决。

我决定，我要去了解是什么让这种古怪的、看似反民主的不投票行为突然变得更受欢迎了。我意识到，我可以研究道德义务的本质。在偶然的机缘出现的时候，我可以调查朋友和家人。我可以参考其他我觉得自己应该承担的道德义务，比较它们。我开始在休闲社交聚会、社交媒体渠道上询问别人："我们有投票的道德义务吗？"我得到了各种各样的回答。

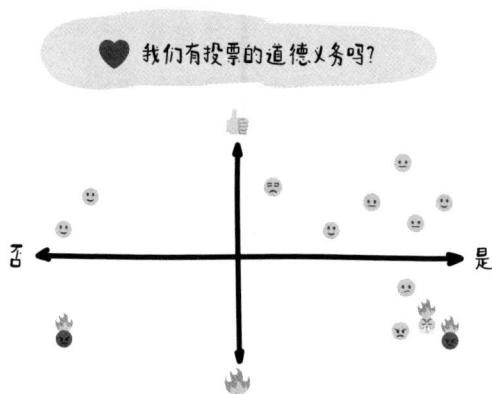

图 4.4 对投票是否为道德义务的回答

有些人认为，我们确实有投票的义务：

有一段时间，我曾对现状感到难以接受。我认为这是一种责任。既然你生活在美国，享有如此多的特权和福利，有些还来之不易，那么在我看来，不肯费心去参与为你提供了这么多利益的制度，是严重的失职。

我把它看作对民主制度的共同承诺。投票的人会感觉自己在这个过程中有着利害关系，哪怕它很小。更重要的是，有了高投票率，人人都会更强烈地感觉到选举结果将反映自己身边人的意愿。参加投票的人越少，人们就越容易认为选举结果不具有代表性，因此不合法理。个人投票实际上就是对民主本身的支持，不管他们实际上投了谁的票，也不管他们投的票对选举结果有什么影响。

一些人采取了更强硬的立场：

不投票是自私和失职的表现。人们可能会基于各种理由充分的论点认为自私有理，但自私就是自私。不投票就等于说："比起通过投票这一微小行为帮助支持社会弱势群体，对现实世界施加影响，我更想保持自己对民主制度的真实态度。"

那些不投票却享受着民主制度提供的特权的人，就跟那些不参加训练或比赛，却期待在球队获胜时捧起奖杯的球员一样。

还有一些人表示审慎同意：

> 我同意并认为，不投票行为本身就是投票。如果你不理解议题（不知情），不喜欢所有的选项，又或者选择让他人做出决定，你就有充分的理由不投票。

随着对话的推进，礼貌的评论接近尾声，强势立场的主题升温。有人提出了一个很有煽动性的比喻：

> 我把投票的压力比喻为做爱的压力。许多男人认为，如果自己努力工作赡养家人，性就是妻子的义务。这并非强奸，但也并不是同意。我能说不吗？还是说你的说辞中就有胁迫的成分？

根据道德共识采取行动带来的压力很大。不管怎么说，这开启了一轮新的跑题对话，好几个人反对使用强奸比喻的这个人：

> 我不认为能跟一个把投票比作强奸的人开展一轮严肃的对话。
> 暴力性行为跟投票没有可比之处。我甚至不明白这有什么不能理解的。

请注意权力的声音是怎样运转起来，排挤这个对话方向的。

现在，对话的热度继续上升，人们开始分享更坚定的立场：

> 如果你说我的选票不算数，或者说我没法儿两害相权取其轻，那么你只看到了你自己。你没有看到那些社会地位比你低的人（性少数群体、政治弱势群体、穷人等）。我讨厌那么多自由主义者的一个原因是，他们所处的地位（通常是富有的白人）是能够自我照料以满足自己的需求的。可他们没有去投票，这给了那些需要帮助的人一记耳光。美国是建立在包容弱势群体的基础上的——如果你是富人，你只想待在自己安全的小天地里，那么你基本上就是在对那些在种族和收入方面没有那么优越的人说"去你的"。我们不光是在为自己投票，也是在为社群投票。

这场对话没有太特别的地方，跟每天发生在社交媒体各个角落、有关各种话题的其他许多对话相比，它兴许还算温和。然而，它尽管很普通，但仍然很有用，因为我们可以从中发现目前为止讨论过的所有概念。它展现了许多观点，其中不少还相互冲突。每个人都在跟自己的认知失调缠斗，这引发了不同程度的焦虑。每个人内心的声音都在提出不同的策略来解决分歧，从自信的推理到粗暴的侮辱，再到对侮辱的防御。事情变得很激烈，但最终平息下来，我猜，很多人选择完全回避这个话题，是因为他们不想卷入这场闹剧。

怎样才能让对话富有成效呢？我怎么才能更好地让对话变得富有成效，而不是发展成人身攻击呢？我有什么办法能让参与者围绕一个共同的愿望——生活在一个健康、高效的社会里——团结起来呢？我们在这里有哪些成长、联系和快乐的机会？

如果可能性的声音并不提供答案，那这些对话是在浪费时间吗？如果你希望就在这一刻改变人们的想法，那么很容易把这次尝试叫作失败。但如果你有意展开一场富有成效的争论，那么这就完全不是浪费时间了。这是一个起点，如果我们继续对话，它可能会给我们带来很多有益的结果。在这种情况下非要分个输赢，才是一厢情愿的表现。我们知道自己的想法绝不会在一次谈话中改变，那为什么别人的想法就应该改变呢？

第四件要尝试的事

为自己发言

为自己发言意味着要避免两个常见的坏习惯：为别人发言；揣度一群人的观点。要避免这两个习惯比你想象的难得多。（瞧见了吗？我这就是为你发言了。）

例如，如果我说："如果你不给自己的孩子接种疫苗，那就意味着你重视自己的孩子甚于我的孩子。"这是我的猜测，我认为你的行为揭示了你内心的想法。我的猜测有可能正确，但对于你内心的想法，你才更有发言权。相反，如果我只为自己发言，我应该说："我为自己的孩子接种疫苗，是因为我认为这是对我孩子最好的选择。你是出于什么样的考虑不给孩子接种疫苗的呢？"我向你发出了邀请，希望你透露一些关于你自己的情况，而这些情况是我根本无法想到的。

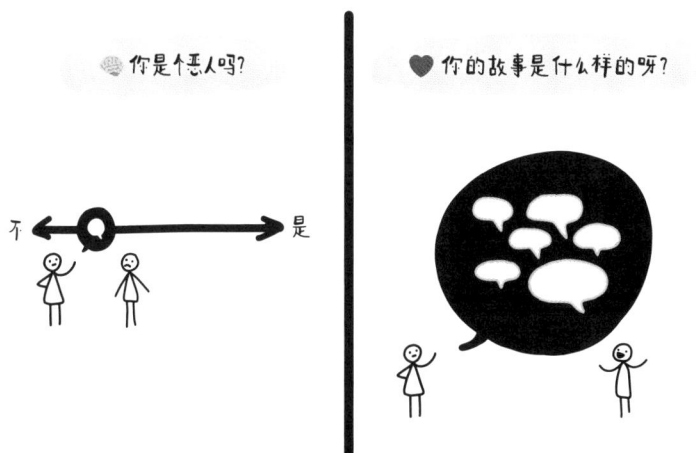

图 4.5 猜测对方的想法和邀请对方为自己发言

如果你不在我面前，我没法儿问你这个问题怎么办？这时我们就可能会投入第二个坏习惯：我们会猜测一群人的想法和动机。大大小小的报纸和网络出版物评论栏目里充斥着对某个群体的猜测，这里有一些摘录：

这些反对接种疫苗的家长——可以把他们叫作"搭便车的人"，甚至是"瘟疫支持者"——正把我的孩子和我们的社群置于危险之中，以迎合其错误的信念：接种疫苗只会伤害他们的孩子，无助于消除儿童疾病。[3]

——《华盛顿邮报》评论专栏，2019 年 4 月 30 日我怀疑，那些提倡这一观点的人到底有没有真正思考过他们主张的潜在含义：要求每个人改变自己的生活和行动，以便随时随地配合那些从医学角度而言的最虚弱者。他们的要求远远超出了接种疫苗的范畴。[4]

——《疫苗反应》(*The Vaccine Reaction*)

评论专栏，2019 年 4 月 11 日

双方的这种推测都存在一个问题，那就是它严重依赖于我们对那些并不了解的人所做的不近人情的概括，然后将其夸大到整个社群的规模。我们并不擅长猜测一个人在想什么，更不擅长猜测一群人在想什么。如果我承诺只代表自己发言，那就必须从疫苗支持者和疫苗反对者双方当中寻找愿意代表他们自己的人来验证我的猜测。之后，我可以请他们讲一讲站在自己的角度是怎么思考和行动的。

图 4.6　猜测群体的想法

避免猜测他人，就是不要以为自己知道别人行动的意图，从而过度自信地得出结论，而是首先考虑是不是自己忽略了他人的某些想法。如果你只为自己发言，那么你就能：

1. 邀请别人参与对话，而不是为别人发言。
2. 更快地改善你对待他人立场的心智模式。
3. 更准确地向他人表达你的立场，也就是说，让他们不太可能歪曲或猜测你的立场。

为自己而不是别人发言带来的另一个连带作用是，你不太可能在争论中依赖群体刻板印象。如果你正在跟人争论移民是否滥用避难制度进入美国，而且你对这一指导方针的态度十分严肃，那么你就需要找到并邀请移民参加对话，陈述其动机。就算这样，他们也只是在发表自己的观点，而不是所有移民的观点。继续邀请人们参加对话，直到你掌握足够的视角来讨论这个议题，不必再猜测为止。这为对话增加了一个新的维度，让它扎根于现实。这也必然会开启新的问题，比如：

- "我去哪里能找到可以交谈的新移民？"
- "我是指来自具体某个国家的移民，还是说移民都一样？"
- "就算他们来自同一个国家，每个人就不可能出于不同的理由而移民吗？"
- "用一个人来代表一个更大的群体，对我来说有几成靠得住？"

很多分歧都利用群体刻板印象和标签，将分歧原因归于未经证实的意图、动机和行为，它们最终大都毫无成效。如果你正视可能性的声音，关注它所提出的一些问题，分歧就会发展成有趣的对话。你兴许会意识到，以千人一面的概括方式来讨论一个群体，这样的策略捷径是对问题认识得过分简单的表现。一旦你理解了这一点，责任就回到了你身上，你要付出努力，积累对问题的认知，直到能够恰当地重新看待它。它甚至可能表明你并未对真正的问题投入足够的精力，去寻找真正的答案。但没关系，在这些情况下，你并未把错误的心态投射到别人身上，然后对它展开攻击。

5

提出能带来意外
答案的问题

意外的答案

承载着最多的信息。

我们的认知偏差是一种心智工具，它帮助我们将故事、决策和行动聚合起来，不至于因为选项太多、不确定性太大而陷入瘫痪状态。然而，我们一方面耐心不够，渴望尽快得到答案，另一方面渴望真正锁定一个尽量最好的答案，为平衡这两者，最好的一种工具是提出精彩的问题。精彩的问题会引出精彩的答案，而最精彩的答案往往会揭示一些我们之前不理解的东西，让我们大感意外。

什么样的问题是好问题？

为探讨好坏问题的区别，让我们来看看你小时候可能玩过的两款游戏：《海战棋》（Battleship）和《刨根问底》（Twenty Questions）。

图 5.1 对外提出问题

《海战棋》用 8×8 的方格布局代表海洋，中间摆着一些舰船，双方玩家的布局是一样的。两名玩家都看不到对方的战舰放在哪里，但你可以"轰炸"具体的坐标，借此了解战舰是否在那里。你每提出一个问题，都只能了解到对方玩家战舰的一条相关信息，通过试错，你最终可以击沉一些战舰（但愿能赶在对方击沉你的战舰之前）。

另一方面，在《刨根问底》游戏里，一个人想着某事（任何事都可以），另一个人有机会提出 20 个"是"或"否"的问题，以确定前者想的是什么。从你想要找出来的事情这个角度来看，游戏没有限制，因此你没有足够的时间提出《海战棋》里那样超级具体的问题。相反，你需要寻找那些在不知道会出现什么的情况下能穿透未知的问题。这款游戏中最完美的问题是将整个未知的宇宙一分为二，并能知道你所寻找的答案在哪一边的问题——

就相当于你不问战舰的具体坐标，而是问"你的战舰在 A 到 D
区域的某个位置吗？"，接着再从这里开始瞄准。如果你问的是这
类开放式问题，而另一个人还在问你具体的坐标，你就可以看出
你最终将获得相当可观的优势。

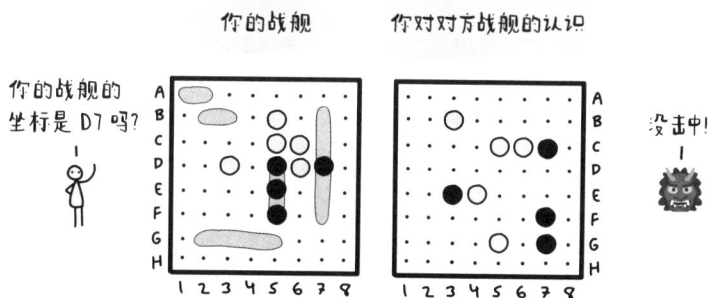

图 5.2 《海战棋》游戏布局

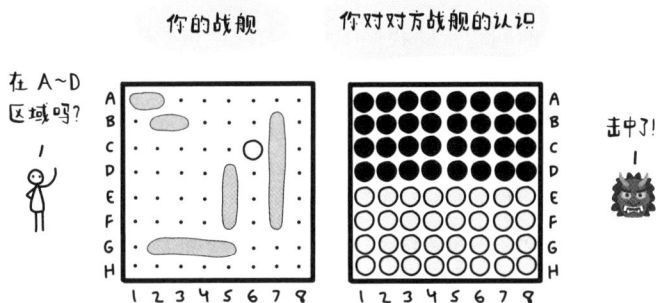

图 5.3 将《刨根问底》模拟成《海战棋》的模式

我们在分歧中可以提的问题，相较于《刨根问底》是另一

次飞跃，因为我们不再仅能提出是或否之类的问题了。一个好的问题不仅可以把未知分割成越来越小的部分，还可以进入对方思想中原本无法触及的角落，邀请他们分享详细的画面、故事和梦境。

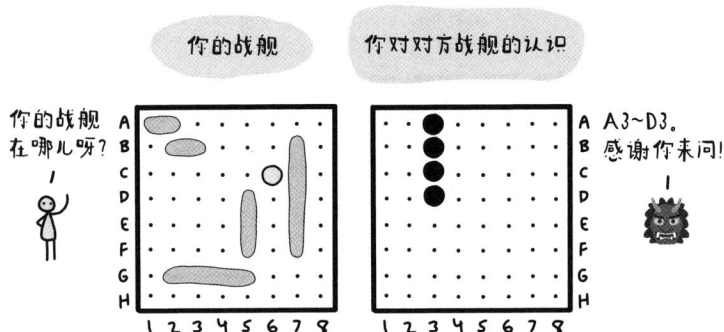

图 5.4　我们在分歧中可以提的问题模拟成《海战棋》的模式

　　我们提出的问题帮助我们围绕他人的观点构建地图……但图像的分辨率、色彩和清晰度取决于我们的问题能不能从回答者那里提取出意外的信息。糟糕的问题不仅会带来分辨率偏低的答案，还浪费了创造空间的机会，让对方感觉无法舒适地进行分享。

　　在现实生活中，我们并不是要尝试击沉别人的战舰，而是要理解他们。我们试图围绕一个人的完整信仰、动机和知识，创建出一幅地图。我们可以提出任何想问的问题，而不是只停留在是否之类的问题上。有机会窥探他人的信念体系和记忆是很奇妙的，而一个糟糕的问题有可能白白浪费这座宝库。

《海战棋》《刨根问底》跟我们对他人提出的问题，还有最后一个重要的区别。在现实生活中，人们不必回答你的提问，就算回答，也不必如实回答。

因此，一个好问题要求对话可靠、开放和诚实，还需要一定程度的相互理解和信任，以免分享出来的信息日后被当作攻击的武器。没有信任作为前提，问题再好也没用——你得到的信息是不可靠的，甚至可能怀有恶意。

一个好问题要能唤起对方的诚实回答（也就是说，双方需要有一定的共识，这条提问思路基于双方的善意）。只有这样，问题能否带来意外回答才有它的意义。

分歧的四种果实

安全、成长、联系和快乐

如果分歧是一棵树，焦虑和认知失调就是有助于这棵树生长的水和空气，而我们刚才提到的果实，也是这棵树结出来的。

完全围绕安全的果实产生的分歧，永远不会带来富有成效的问题，因为在这些对话中，信息和问题成了攻击和捍卫我们立场的武器。没有理由向敌人提出真正的问题，因为这里的初始假设是：他们将不确定性视为一个弱点，并会尝试用它来攻击你——反之亦然。

为了摆脱战斗模式，我们需要记住重视不同类型的结果，将对话的目的从安全重新定位到成长、联系和快乐上。顺便说一句，在你这样做的时候，安全的果实也间接地出现了。

分歧的这四种果实可以单独寻求，但创建富有成效的争论这门艺术最终能揭示该怎样将它们一起找到。

🍍 安全

当你受到攻击时，安全的果实很容易占据首要位置。它是分歧最初且最主要的果实，也是我们至今仍最痴迷的东西。

有人曾试图拿走你的玩具吗？和他们争论，把它拿回来。通过这种方式，分歧保护了你的财产。

有人曾侮辱你或你的群体吗？和他们争论，重拾尊重。通过这种方式，分歧保护了你的自我价值。

分歧本身可以被阐释为对个人和群体的威胁。在一个彼此意见一致的群体里，你会更有安全感，而在一个人人意见都不一致的群体里，你的安全感会减少，因为逐出群体是解决分歧的一种方式。因此，群体有动力尽量减少分歧。

待在追求安全的范畴内，是权力、理性和回避的声音鼓励我们所做的一切：解决分歧；让所有人都同意；如果不同意，也要顾全大局；搁置它，继续前进；关闭它；把分歧抛开；保留意见，求同存异；付诸表决；达成协议；关闭循环。这是应对冲突的一种习惯性"一刀切"反应，也是导致我们的争论没有成效的很大一部分原因。

寻求安全的利端：

- 你可以立刻获得提升安全感的结果。

- 这一策略适用于任何分歧。

- 按照定义，它是"安全"（稳妥）的选项。

寻求安全的弊端：

- 拒绝分歧妨碍了人们找到其他果实。

- 以安全的名义过早地结束分歧，可能会让人产生达成一致的错觉，但分歧最终会以更严重的面貌卷土重来。

🍇 成长

成长的果实跟安全的果实不同，因为要实现成长，通常需要冒险，把脖子往外伸出去一点点。成长的果实要在边界收获，安全的果实往往在家里就能找到。

如果你正跟人为了去哪里吃午饭而争论，最保险的做法是去一个你们去过且双方都喜欢的地方。成长的赌注是尝试一个新地方，期待它比你们从前去过的地方更好。安全和进步之间存在权衡，也就是说，成长的果实往往只有在建立了一定的安全感之后才能找到。

如果你生活在 17 世纪的欧洲，对自己的命运不满意，那么安全的做法是留在原地，最充分地利用你已经拥有的东西。成长的赌注是登上一艘船，跨越大洋去展开新的生活。如果你有足够的钱在大洋彼岸建立生活，又或者你本来待的地方情况非常糟糕，冒些风险也不可能使局面变得更糟，那么你会更容易下这份赌注。

你可以看到，有别于追求成长的果实，一心一意地只追求安全的果实会把你带向一场完全不同的争论。如果你仅仅是想求得生存，那你不太可能去冒更大的风险，哪怕这些风险最终可能会带来更多的安全感。

成长可以有多种多样的实际表现形式。它可以来自对领土和财产的争夺，对冠军头衔的拼搏，或者对哪场广告活动能吸引最多新客户的论战。成长可能是自私的（"那是我的小火车！"），也可能是合作的（"让我们看看那到底是什么发出的声音！"）。

寻求成长的利端：

- 可能出现的结果有着很广的范围，这是冒险的另一种说法。

- 牺牲部分的安全，换取成长的可能性，你有望获得更大的回报。

- 随着时间的推移，成长可能会产生复利效应，带来更多的安全感。

寻求成长的弊端：

- 它需要对风险进行评估，而这就打开了头、心与手之间产生冲突的大门。

- 如果你计算错误、表现不佳或运气不好，风险也会带来损失。

- 成长的表现形式多种多样，有一些比较容易衡量。

联系

有时候，通往个人成长的道路和通往与他人建立联系的道路是一致的，但也并非始终如此。有时候，为了成长，我们不得不断绝一段关系。有时候，为了建立联系，我们需要暂时把自己的需求放到一边，以便优先考虑他人的需求。与此同时，如果我们优先寻求与他人建立联系而不是个人成长，那么随着时间的推移，我们仍有可能最终获得更多的共同成长。例如，当我把理解他人的想法放在优先位置，而不是只想着证明我的信念正确时，由此增多的信任和联系便为我制造了机会，让我可以更加了解原本无法得知的他人的想法。

联系跟安全不同，因为它往往需要把信任（和风险）交到别人手里。举例来说，如果听说有人对枪支和疫苗的看法与我不同，而我想要围绕这些信念与他们建立联系（哪怕我认为他们的信念在根本上并不安全），这么做有可能让我从一个全新的角度看待世界或是考虑一个新的极端案例，那么相较于只是寻求让自己免遭其信念威胁的做法，前者的结果有可能最终让我受益。

与成长的果实一样，联系的果实也得益于安全这一根基。如果我认为陌生人并不会直接危及我的安全，我会更乐意让他们进入我家，以了解其支持的候选人的立场。另一方面，成功与他人建立联系将提升我们的安全感。

寻求联系的利端：

- 随着时间的推移，与他人建立联系也会带来成长与安全。
- 我们是社会性生物，能在人际关系中获得极大的满足感，如果身边包围着强大的人际关系，我们就不会感到太焦虑，韧性也将变得更强。

寻求联系的弊端：

- 建立信任需要很长时间。老话说得好：信任，百年积累，一朝败完。
- 背叛信任要付出高昂的代价。

🍓 快乐

快乐这种果实能把其他许多果实结合在一起，也能跟它们对立起来。快乐与联系的不同之处在于：有时候，快乐是以牺牲他人为代价换来的。例如，取笑某人可能会让你跟身边的人团结在一起，但也会把别的人从你身边推开。有些笑话里暗藏着侮辱，而且对被取笑的人来说，它毫无乐趣可言。

有一种方法可以让人在不牺牲联系和成长的条件下享受分歧带来的快乐。在一段友谊中，无伤大雅的分歧甚至有助于友谊的维系——你或许能从自己的生活里想到类似的例子。我喜欢跟朋友里克争论人工智能是否对人类构成生存威胁；我喜欢跟朋友托尼争论目的正当是否就可以不择手段；我喜欢跟朋友卡丽娜争论 20 年后大学是否仍有意义。不是所有的友谊都存在核心分歧，但毫无疑问，分歧能为有些人际关系增添一些愉快的东西。

寻求快乐的利端：

- 在成长和联系的漫长旅程中，寻求快乐有助于激励我们。
- 快乐的火花，显然能缓解焦虑的火花。
- 跟着快乐走，是更好理解我们内心兴趣的一种途径。

寻求快乐的弊端：

- 如果快乐被用来贬低他人，那么追求快乐就要付出代价。
- （你可以在此处插入各种追求享乐的个人警示故事）

硕果累累

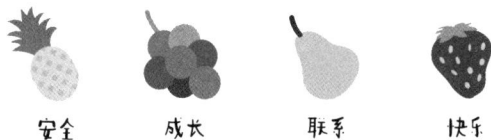

图5.5 分歧的四种果实

如果你在分歧中的唯一目标是提高安全感（与威胁抗争，或在某种环境下减少冲突），你就永远提不出那些能让人大开眼界的问题，让所有人都参与寻求成长、联系和快乐的合作。权力的声音、理性的声音、回避的声音，都不喜欢开放式问题所带来的脆弱性，因为那会把权力交到对方手中。

与此同时，分歧的其他三种果实也不如安全本身那么宝贵。如果某种东西很快就会被别人夺走，那么学习了解它又有什么好处可言呢？如果别人利用关系来背叛你，那么建立人际关系又有什么用呢？如果在与人对话的同时却遭到了对方的抢劫，对话带来的快乐又有什么意义呢？用一句话回答：没有任何好处。

但从长远来看，成长、联系和快乐的果实超过了安全带来的直接而明显的价值。最终，富有成效的分歧除了能带来其他三种果实，还能带来同等或更多的安全感。

为了接受这个事实，我们需要在心理上有所转变。

安全之战是一场零和游戏。因为它假定分歧总是存在恶意的，制造出一种"不是你死就是我死"的环境。如果我是安全的，那就意味着对方比我弱，而我在分歧中的动机就是保持这种优势地位。在非输即赢的情况下，安全是一种难以获得的稀缺果实。

另一方面，当同时寻求安全、成长、联系和快乐时，双方创造的就是非零和游戏。"非零和"意味着双方都有可能赢，它甚至可能产生这样的情况：帮助对方成长，寻求以有意义的方式与他们建立联系，享受富有成效的分歧所带来的快乐，这些结合在一起就是对抗安全之战的策略。有没有可能，在同时追求所有这些果实的过程中，你暴露了自己的弱点，反而为对方所害？是的，有这种可能。但这带来了更多的理由去倾听可能性的声音，探索怎样改善联系、共同成长、改变环境，让人们无须再围绕弱点展开攻防战。

第五件要尝试的事

提出能带来意外答案的问题

如果你困在跟某人的争论中，感到沮丧和困惑，不知道怎样才能解决这些问题，那你可能需要的是一个更好的问题。这里有几个问题，你几乎可以用到任何分歧当中：

生活中的什么事情让你形成了这个信念？

这里涉及什么样的利害关系？

你所持的立场，有什么复杂的地方是人们往往一开始不会注意到的呢？

如果你的坚定反对者发现你的想法是对的，那么会发生什么？

什么情况才会改变你对此事的看法？

我们错过了其他哪些有望改变我们对此事看法的可能性？

假设有一个世界，在那里此事不再成为问题，那我们该如何到达那里？

问题越大，潜在的答案越出人意料，效果就越好。

很明显，提出一个好问题的目的在于倾听人们的回答。实际上，答案出人意料的话，也有助于你进一步倾听。意外的答案会触发策略 3（放大反常点），突破我们的常规过滤器，但它不见得总是够用。

《成为智者》（*Becoming Wise*）一书的作者、电台及播客节目《论存在》（*On Being*）的主持人克里斯塔·蒂皮特（Krista Tippett）很擅长提出建设性的问题，她这样论述宽宏地倾听：

> 倾听不仅仅是在对方说话时保持安静……宽宏倾听受好奇心驱使，我们可以善加培养这种美德，使之成为本能。它带有一种脆弱感——乐于感受惊讶、放弃假设、接受模棱两可。倾听者希望理解对方言语中的人性，耐心地召唤出最好的自我、最好的话语和问题……在美式生活中，我们交换的主要是答案——针锋相对的答案，以及那些拐弯抹角、具有煽动性或娱乐性的问题。在新闻行业，我们特别喜欢"棘手的"问题，它往往自带假设，伪装成询问，渴望引发战斗……如今，我衡量问题力度的唯一标准是，它能带来多少诚实和雄辩。[1]

在练习宽宏倾听的时候，你会注意到一个反馈循环，它激励你走向一条通过精彩提问来获得意外答案的道路。提出一些可能产生意外回答的问题，为诚实和雄辩创造空间。诚实和雄辩增加了宽宏倾听的回报，它有助于你更新自己对某人的内心世界投射的心理地图，让这幅地图变得更加准确，从而为下一轮对话带来更好的问题和更深的理解。

6

主动创建讨论

吹毛求疵和

曲解他人

不会带来好处。

如果你的动机是赢得一场争论，并寻求收获安全的果实，那么最好的策略是从人群中挑选最弱的对手，就像狮子猎食一样。我最喜欢把这种坏习惯叫作"找茬儿"[1]——我们从对立面找到最古怪的疯子，因为他们最容易被破除防御。然后他们也可以对我们做同样的事情，这就成了永无止境的恶性循环。"茬儿"永远也找不完，要多少有多少！当我们诉诸"找茬儿"的时候，这就表明我们正走向无效分歧，即使在当时那个瞬间我们感觉自己"赢了"。没有理由向疯子提出一个你不知道答案的问题——你不仅不信任他们的信息，而且提出开放式问题会让他们察觉到你自己的弱点并用它们来对付你。恶意的对话到处都是。

　　如果你的动机是从分歧中尽可能多地收获安全、成长、联系和快乐，并且你已经确认了可能性的边界，即你认为，某人或许能对你的问题给出意外的答案，有助于你展开探索，那么你就不要去找对方阵营里最弱小的代表。你要找的是最聪明、最强大的成员，因为他们才掌握了最有火花的信息，有望为你的问题带来最出人意料的回答。

图 6.1 坚果树下的争论

事实上，如果你想收获所有这四种果实，更有意义的做法是帮助反对者构建他们那一方最强的论证，同时争取让他们帮助你构建论证。只有这样，争论的结果才有可能大于开展争论所付出的代价。

还记得认知策略 7——偏爱熟悉的东西吗？在构建自己的论证时，该策略会带来一个盲点，因为我们对自己太过宽容，但它确实能让我们更善于发现别人论证中的缺陷。反过来的情况也是如此：相较于我们自己，对手也有更强的能力发现我们论证中的缺陷。你可以利用这一思维悖论来让论证变得更有力！

---

① 在英语中，nut（坚果）也有"疯子"之意。——译者注

猴爪

在 W. W. 雅各布斯（W. W. Jacobs）所著的惊悚短篇小说《猴爪》中，有一天晚上，一个老朋友去拜访了一家人，他告诉他们，自己拥有一只有魔力的猴爪，这只猴爪被人施了咒语，可以实现主人的三个愿望。唯一要提醒的是，愿望的实现方式一般会令人后悔许了这样的愿望。[2]

图 6.2　猴爪

故事中的丈夫和妻子认为这太有意思了，并立刻做起白日梦来，想要拥有更多只手，这样就能在家做更多的家务了。老朋友被这个提议吓坏了，他告诫户主夫妇说，要对自己许的愿望谨慎一些。他把猴爪扔进了火里，说最好把它毁掉。但丈夫把猴爪捡了回来，说要试试看。

老朋友听取了回避的声音，让这家人留下了猴爪，而不是继续讨论或帮助他们免犯自己犯过的错。朋友一走，这户人家的儿子就提议说，不如许愿拥有足够的钱来偿还房子的贷款。这听起来无伤大雅，甚至算不上贪心，于是父亲就许了这个愿。第二天，夫妻俩收到消息，儿子在工厂里遭遇事故去世，工厂老板想给这对夫妇一笔抚恤金，数额恰好就是他们所许的愿。唉！

小说就以这样冷酷的方式写了下去，它的中心思想是，我们无法看到自己欲望中的漏洞。然而，这个故事并没有真正满足我的好奇心，我很想知道，要是那位朋友留下来，帮助夫妻俩重新表述愿望，让它尽量没有漏洞，而不是耸耸肩就离开了，那会怎样呢？

这一原则也适用于我们的论证。与你观点对立的人，是指出你盲点的最佳人选，他能帮助你免于犯错，避免在错误的东西上白费力气。

激烈的辩论

如今美国有大量关于枪支管制、持枪权和遏制枪支致死事件的强烈观点，与此同时，这个国家也同样坚持相信宪法第二修正案规定的持枪权。不管是在私人社交圈还是在公开的政治舞台，这些观点并没有带来太多富有成效的分歧。那么，如何让这场对话更有意义呢？

让我们假设，你有个哥哥强烈支持枪支管制，还有个姑妈强烈支持持枪权。你看到他们在你姑妈的 Facebook 页面上，就近来发生的大规模枪击事件展开了激烈争论，就美国是否需要更严格的枪支管制争执不已。这是一个很难拆解的激烈主题。尤其是在美国国内，枪支、枪支管制和枪支暴力，已经引发了无数个人和国家层面的辩论。枪支也是冲突的实体象征——如果涉及的利害太大，理性辜负了人们，它就是人们会采用的最终手段。

尽管目前这是一场非常美国式的辩论（其他国家对持枪权没有类似的执着态度），但它的核心问题具有普遍性：要保护自己，生活在一个没有敌意的环境里，我拥有什么样的权利？只不过，这种保护和非敌意的环境，到底是来自所有人都拥有枪支的地方还是来自没有人拥有枪支的地方，不同的人对此有着截然不同的看法。

那么，我们能做些什么呢？让我们想想自己已经学到了什么。我们可以观察焦虑在脑海里的启动，倾听内心的声音发出的建议。站在舞台上的是权力的声音、理性的声音、回避的声音还是可能性的声音？在投入辩论之前，我们能够坦率地承认自己的认知偏差和盲点吗？我们能够提出哪些开放式的大问题，从而引发出人意料的答案？一旦我们完成了上面所有的事，我们就将看到跟来自各方的最聪明的人和最明智的观念一同构建争论的益处。

在谈论枪支时，是什么引发了我们的焦虑

阅读下面的陈述，关注引发焦虑的内心冲突，它们是你内心的声音带来的即刻反应。请注意每一种焦虑的强度——有些焦虑很小，几乎无法察觉，而另一些焦虑可能像火星撞地球一般猛烈。

图 6.3 给你的焦虑打分

　　更严格的枪支管制法律将减少枪支暴力和枪支致死事件。这是个简单的数学问题。

　　枪支管制法侵犯了自卫权，剥夺了人们的安全感。

　　枪支并不会杀人，是人在杀人。

　　只有持枪的好人才能阻止持枪的坏人。

　　枪支很少用于自卫，实际上并不能使人们更安全。

　　（美国宪法）第二修正案并没有保证拥有枪支的无限权利；它的目的是帮助各州维持民兵组织，而不是让任何想要枪支的人都能持枪。

　　（美国宪法）第二修正案保护个人的枪支拥有权，是美国的立国原则。

　　这些话里很可能至少有几句会引发你的焦虑。这种焦虑持续了1秒、5秒，还是介于两者之间？如果你想象跟说类似话的人聊天，你大概可以一步一步地通过慢动作冲突重演去剖析这些引发焦虑的观点，说出唤起焦虑反应的是哪种内心的声音，并审视其行动建议。你会倾向于用理性还击，彻底回避，还是用可能性的问题来处理冲突？

枪支管制之争的最终结果是什么？

在 Facebook 上的激烈口角中，你的哥哥和姑妈都把对方视为对自己世界观、生活方式甚至家庭的威胁。你哥哥认为学校和其他公共场所变得越来越不安全，因为只要是一个携带了半自动步枪的失意者，就能杀死几十个无辜的人。他认为美国在世界上的地位正在下降，因为它甚至不能保护自己的公民免受彼此的伤害，他责怪像姑妈这样的人纵容了这一切的发生。另一边，姑妈则认为美国的立国信念就来自对自力更生和个人自由的重视。她认为美国在世界上的地位正在下降，是因为美国人不信任公民的自由，她指责像你哥哥这样的人试图剥夺他人的自由。

尽管你哥哥和姑妈的世界观不同，对美国所面临的最大威胁的看法不一致，但他们生活在同一个国家。他们双方都认为，美国和美国梦正受到对方政治观念的威胁。风险很高。孩子们在学校里死去，宪法正受到威胁。由于是同一个美国在他们之间撕裂开来，很难想象双方能实现共同的胜利。

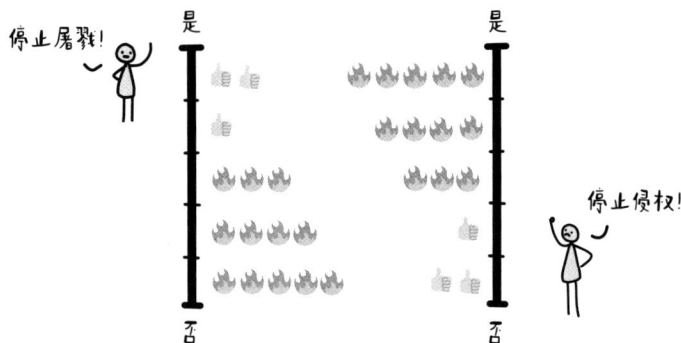

图 6.4　对加强枪支管制的不同看法

头的领域：什么是真的？

从这场谈话中，我们可以注意到哪些信息上的分歧呢？首先，各方对彼此的了解是何等之少——双方之间的信息流动不畅。2017 年的一项研究显示，不同政党的成员在猜测对方的特点上表现得比猜测自己一方差。[3] 例如，平均而言，共和党人估计 46% 的民主党人是非裔美国人，但实际数字仅为 25% 左右。另一方面，平均而言，民主党人估计 44% 的共和党人年龄超过 65 岁，而实际数字仅为 21%。人们也不怎么擅长猜测自己党派的数据，但不如猜对方的数据这么糟糕。

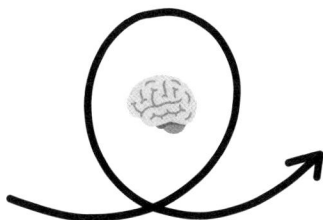

图 6.5 头的领域

　　甚至对于自己在枪支问题上的立场，美国人又了解多少呢？人们肯定时刻关注着新闻和报刊播报的大标题，但我惊讶地发现，连我自己对加利福尼亚州——也就是我正居住的地方——的枪支管制立法也知之甚少。我一旦意识到这一点，就很容易了解到，加州拥有全美最严格的一些枪支管制法律。我找 100 多个朋友做了调查，询问他们认为加州应该修改哪些法律，结果是大多数人提议修改的法律已经成文了。例如，加利福尼亚州要求对所有枪支销售（甚至包括枪展上的）都进行背景调查。此外，它还规定需要接受枪支安全培训和认证，才能拥有枪支。我们天生对己方的观点过于自信，对对方的观点过于怀疑（策略 7：偏爱熟悉的东西；策略 10：过度自信）。这让我们在面对精心编排的头条新闻和令人震惊的事实时措手不及，无法消除其所带来的分歧，因为我们没有任何可消除这些分歧的工具。

心的领域：什么有意义？

　　不同的人依据个人价值观系统对美国宪法第二修正案、枪支持有和枪支杀人等事实的不同阐释，可以作为不同的偏好和价值观导致分歧的一个例子。

图 6.6 心的领域

美国宪法第二修正案规定："纪律良好的民兵队伍，对于一个自由国家的安全实属必要；人民持有和携带武器的权利，不得予以侵犯。"当然，人人都承认第二修正案是法律，因此，这条信息本身无须争论。然而，你哥哥认为，这句话里最重要的部分是"纪律良好的民兵队伍"，也就是说，它并不适用于个人。你姑妈则认为"人民持有和携带枪支的权利，不得予以侵犯"才是最重要的部分。在冲突中，双方都可以将这样一句真实的陈述当作对付对方的武器。

皮尤研究中心 2013 年的数据显示："根据各种估计，美国各地大约有 2.7 亿～3.1 亿支枪——几乎每个男人、每个女人、每个小孩都拥有一支枪。"[4] 几年之后，皮尤研究中心又发布了一项研究，补充道："如今，10 个美国成年人里有 3 个说自己拥有枪支，另外 36% 的人表示自己虽然现在没有枪，但对将来拥有枪支持开放态度。1/3 的成年人表示，自己现在没有枪，也不认为自己将来会有枪。"[5] 你的哥哥谈起了美国的枪支数量，并将其与全美国人口做了比较，暗示持枪人口比例高得离谱。你的姑妈则用"10个里有3个"这个表述强调枪支统计多么不可靠，同时也低估了美国的持枪人口数量。信息是相同的，却用来支撑起了不同的阐释和价值观。

美国疾病控制与预防中心每年都在跟踪全美国的死亡率，按照它的数据："2015 年，美国有 36 252 人死于枪支伤害。"[6] 每 10 万人中有 11 人会因枪伤死亡。这大约占所有伤害相关死亡（包括车祸、服药过量和其他许多致死事件，但不包括疾病和健康相关的死亡）的 17%。如果把所有与疾病相关的死亡人数也计算在内，枪支致死人数则占 2015 年美国死亡总人数（3 950 万）的 0.09%。你哥哥的主要着眼点是 36 252 人的死亡，并将这一数字与其他国家的统计数据进行比较，以指出枪伤致死是个多么严重的问题。你姑妈着重强调这只占每年死亡人数的极小一部分。她质问说，为什么我们要这么关心这个数字，罔顾车祸致死人数甚至跌倒致死人数都与此接近。她利用这些信息来暗示你哥哥意图不正，认为他明显是受文化议程驱使，而不是单纯地关注公共安全。

可以看出，你的哥哥和姑妈在倾听理性和权力的声音时，按照自己的需求阐释信息，把信息当作伤害对方的武器。从表面上看，这种分歧似乎可以通过信息来解决，但实际上，分歧恰恰是受信息背后的价值观推动产生的。心的冲突不能用事实和数字来解决，它需要用其他更缓慢、更微妙的方式来应对。

如果参与这场辩论的领导者不是带着信息加入，而是诉诸自己所在社群的情绪和神圣感，你就能清楚地看到这一现实。例如，多年担任美国全国步枪协会（NRA）主席的查尔顿·赫斯顿在 2000 年发表过一段著名的政治言论："在我们着手抗击这一想要夺走我们自由的分裂力量之时，我想对每一个能听到我这些话的人说出以下战斗的话语，也希望你们能够听从：要想我把枪给你，除非你从我死后的冰冷的手里撬走它！"[7] 这显然不是为了邀请人们参与枪支问题的对话，而是向着民主党"开枪射击"，其作用主要是为了强调持枪群体所推崇的自由与独立的核心价值观。

2008 年美国总统竞选期间，奥巴马在加利福尼亚州的一场筹款活动上说："你走进宾夕法尼亚州的一些小城镇，一如中西部的大量小城镇一样，那里的就业岗位已经消失了 25 年，又没有别的东西补充替代。历届政府都说这些社区将会再生，但它们没有。它们的境况只是变得更糟糕了。它们用对枪支、宗教或与自己不同的人的厌恶，以及反移民情绪和反贸易情绪，来排解自己的沮丧。"[8] 和查尔顿·赫斯顿的话一样，这也是一番充满政治意味的言论，旨在加强奥巴马基础支持者的价值观体系。

在这两个例子中，你的哥哥和姑妈都听到甚至辩论了每句话的意思，但从目的上看，这两段话都跟一位将军在一场旷日持久的战斗中对自己军队所说的话并没有什么不同。它们散发出价值观体系的信号，巩固了群体，并帮助各方坚守自己的立场，但最终不利于达成任何形式的解决方案。

手的领域：什么有用？

尽管关于枪支的争论中存在着关于信息和价值观体系的分歧，但这场争论的核心在于策略。什么样的行动能带来积极的结果？

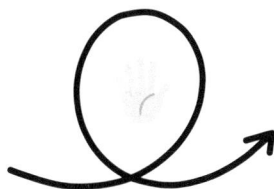

图 6.7　手的领域

如果你的哥哥和姑妈听信权力的声音，他们可能会认为，可以用蛮力强行让国会通过新立法，迫使对方承认失败。这一策略能够（至少暂时能够）带来安全的果实。

如果你的哥哥和姑妈听信理性的声音，他们就会陷入阐释宪法、执行新法律的怪圈，以最大限度地减少对新法律的抵制。他们可能会拿出其他国家的统计数据和法律，并比较在不同枪支法下各州的谋杀率，以确定可能的相关性和因果关系。这一策略也是在诉诸安全的果实，并采取强硬路线，诚实地面对此议题所涉及的生命和福祉的真正代价。

理性的声音与情绪和信念体系（这两者存在于科学可测量的范畴之外）稍有脱节，因此怀有一些颇值一提的天真希望。你哥哥可能希望推出减少枪支暴力的新枪支管制法，从而让你姑妈放弃为持枪权而战。你姑妈可能希望减少或取消枪支管制法，保护个人自由，从而让你哥哥安静下来。双方都有隐藏的假设，即采取某种形式的法律行动，配合适当的推广和执行，就能让争论消失。但我们如果从严谨的理性逻辑退后一步，就能清楚地看到，这样的结果不太可能出现。希望以理性赢得这场争论，进而抹掉支撑双方立场的核心价值观，只是一厢情愿罢了。

在枪支管制的辩论中，双方都能同意的最好结局是什么？有没有什么结果不再一厢情愿地罔顾价值观和信念真正的运作方式呢？难道我们真的指望自己一获胜，对方就爽快地认输、永远闭嘴？有没有可能，你的哥哥和姑妈都高估了己方在这场战争中的效力，同时低估了另一方坚持迎接每一轮针对自己的攻击的能力？

一旦权力和理性的声音辜负了我们，分歧就显得徒劳无果了。我们开始听到回避的声音——不再争论好像更简单一些。但现在我们知道该怎么做了！让我们来问一个更好的问题。

枪支管制主题聚餐

在为这场辩论探索怎样提出更好的问题的过程中，我尝试过几件最终并未奏效的事情。可能性的声音没有答案，只有问题，当它把你送上一条既定的道路时，它并不保证最后你能得到答案。以我为例，我试着邀请人们参加一场为期 30 天的在线枪支控制挑战，该挑战对我们怎样对待彼此设定了非常明确的期待。我认为它设计得很好，唯一的问题是没有人愿意参加。等我提了几个后续问题后，我发现，这对人们来说就像是一个陷阱。在一场没有太多善意的对话中，人们往往对富有成效地表达分歧抱有怀疑态度。考虑到还有那么多事情在争夺大家的注意力，只为了渺茫的机会（有可能开展一场深思熟虑的对话）便要付出那么大的成本，人们会觉得这得不偿失。我在公开场合（网络）试过，在一对一的私人场合试过，还和一个私人小群体试过。私人一对一环境能最好地让人们打开话匣子，但持续时间不长。另外两种情况一直没取得什么进展。

有时候，只需要一个简单的问题就能让对话围绕核心展开，将你死我活的战斗转变为开放式的合作。

我把游戏从"在线辩论"改成了"到我家聚餐"。我把目标从"让我们辩论观点"改成了"让我们享受彼此的陪伴，开展一场激励人心的对话"。我把对话媒介从"在评论文本框里输入"改成了"吃吃喝喝说说话"。我把问题从"你相信什么"改成了我脑袋里最大的无解问题："枪支管制辩论的最终结果是什么？"

我向相当多的朋友和熟人发出了这一邀请，他们也更乐于参与了。

聚餐的力量

一个星期六的下午 5 点左右，来了十五六个人。这是一场有趣的聚会，朋友们来自不同的背景——有些是我在儿子学校结识的，有些是我在工作上结识的，有些是儿时老友，还有几个我从未见过的人，或者通过朋友的朋友介绍认识的人。每个人都带来了一道小菜或一瓶酒，经过些许搭配，我把大家召集到一起，为"实验"设定了非常轻松的氛围。

讨论议程写在了饭厅的一张小画架上：

- 介绍背景
- 边吃东西边给大家分享问卷调查的结果
- 分享调查中的个人经历，以及其他任何人想要分享的事情
- 有关枪支的基本事实
- 梳理小组讨论的结构
- 反馈和接下来的步骤

我们拿了一些食物，全都努力挤到一张大餐桌旁。空气中显然充满期待感，一群不怎么熟悉的人加上一个激烈的话题，让一切都沾染了些许特别的意味，但与其说是恐惧，倒不如说是有些兴奋。

图 6.8 围着餐桌展开讨论

我们围着桌子自我介绍，并回答了这个问题："你自己接触枪支的经历是怎样的？你生活中发生了什么事，让你秉持现在的立场？"

我讲起了自己的故事。我的爷爷在客厅里有一个装满步枪的柜子，我们经常想把门撬开。到了我六七岁的时候，有一天，他带我去峡谷（我们住在加利福尼亚南部），教我怎么用步枪射击。我记得自己斜靠在他的皮卡旁，用枪瞄准了远处的一个空油桶，扣动了扳机。枪托由于后坐力撞了我一下，把我的眼眶撞青了。我还讲了一个故事，我在大学期间在一家 OK 便利店当收银员，被人用枪指着抢劫了。持枪人想要一盒香烟和一堆彩票，我如蒙大赦地递给他。

除了三人例外，桌子上其他人之前都开过枪。有个叫斯特林的朋友刚买了一把步枪，他告诉我们他在考虑买枪时采取的所有步骤，他和妻子在枪支储存方面的争论，以及他为了得到这把枪而履行的加利福尼亚州法律规定。这下我们所有人都立刻意识到，我们对各州枪支法律的了解是多么有限。哪怕我们能够在互联网上查找它们，枪支培训、许可证和注册要求的无数细节也引发了一长串单纯出于好奇的问题，我们想了解购买枪支的具体操作。

当晚在场的另一个人，尼克，分享了他在美国南方的一个非常保守的家庭长大的故事。他刚成年就加入了美国全国步枪协会，并为自己的半自动步枪藏品感到自豪。他分享了多年来自己的想法有了怎样的发展和改变，这些思考最终导致他放弃了 NRA 的会员资格。人们向他抛出了各种各样的问题，他的讲述让我们许多人陷入了沉思：关于保守派持枪权倡导者的想法、行为和行动，社会上广为流传的认知错得多么厉害呀！

当晚到场的那些人在很大程度上偏向于倡导枪支管制的方向，但我们很快发现，即便持有同一立场，人们的想法也很不一样。我们一边吃着东西，把杯盘碗盏越过桌子传来递去，慢慢填饱自己的肚子，一边分享着极其不同的经历和故事，这感觉再自然不过了。一如每个人带来了不同的小菜加入聚餐，每个人也都带来了一套不同的经历和默认的信念。有些菜肴简单朴实，就像我们的一些信仰主要是通过表层经验形成的。例如，我们的朋友埃琳谈到了自己在加拿大长大期间跟枪支的关系（加拿大的枪支法律相当严格，人均枪支暴力事件仅为美国的 17%）。[9]另一些人则碰到过自杀、他杀的深刻创伤性经历。尼克的故事虽然缺乏明显的戏剧性或死亡，但他再现了一种丰富多彩的文化，我们虽然对这种文化不太熟悉，却也能感同身受。

一起吃东西，隐含着一些部落式的和包容的感觉。你一般不会跟敌人共进一餐，我们如果真的这么做，通常是本着和解的精神。"一同分食面包"（breaking bread together）这个说法，跟解决分歧、修复关系相关。一旦你注意观察食物和争论之间的联系，它就会从各种奇怪的地方冒出来。

想想看，早期的人类有多少年围着篝火吃着白天的猎物，为第二天制订计划。这种结合深深地融入了我们的社会基因。贝都因人有两条谚语，很直接地说明了这一点：

肉汤正在火上，现在我们必须团结一心。

分享面包和盐给我的人，不是我的敌人。

食物和争论搭配在一起的例子还有：

- 就在被钉死在十字架上之前，耶稣和门徒们共进最后的晚餐。
- 亚瑟王"圆桌"的作用，是在平等的基础上举行盛大的宴会，制定伟大的军事策略。
- 感恩节晚餐也有着类似的目的：让家人和朋友聚在一起，哪怕有分歧也团结一心——有时它能达到目的，有时不能，但晚餐的用意和发生背景是明白无误的。

在创建富有成效的争论这门艺术中，食物是必不可少的要素。我自己曾在一个意想不到的地方见证它的作用：21 世纪最初那几年，我在亚马逊的推荐团队担任工程师。当时，公司的业务正从图书、音乐、视频迅速拓展到其他领域。我加入公司时，西雅图的摩尔剧院可以容纳我们全体员工（1 800 人左右）开会。可每隔几个月，全体会议就不得不转移到更大的场地，以便容纳越来越多的人。一家公司以这样的速度扩张，它下属的各个独立团队也必须配备相应的工具来维持生产力。为此，杰夫·贝佐斯提出了著名的"两份比萨团队"的古怪设想，这也是公司彻底重组背后的哲学理念。故事是这么说的：有一天，一位在外地的经理抱怨说，要跟其他所有团队保持同步太困难了，并建议构思更好的沟通框架。杰夫·贝佐斯回答说："不！沟通太糟糕了！"然后他发明了"两份比萨团队"。如果每份比萨分成 8 块，每人吃 1～3 块，便能把团队维持在 8～10 人的规模内。这一规模上限鼓励在团队层面展开深入流畅的对话，同时削弱团队之间的对话——尽管当时几乎所有人都对这种做法深表怀疑，但它确实奏效了。"小桌动态"鼓励团队做任何自己需要做的事，不受其他团队阻碍。它们也应该在问题出现时独立解决，而不是开太多会拖其他所有人的后腿。

食物和争论之间的这种关系，出现在许多社会剧场和大部分历史的中央位置，这并非巧合。一起吃饭，让家庭成员、同事、朋友甚至陌生人之间不可避免的分歧变得更容易消解，也为对话和因对话引发的分歧提供了自然而然的保护。感恩节晚餐历来以引发激烈分歧著称，但或许这是因为餐桌是一种舒适中立的环境，适合进行棘手的对话，如果此类对话在其他场合发生，情况兴许还要糟糕 10 倍呢。

可能出现的终极目标

随着枪支管制主题聚餐活动的进展，我们吃完正餐、在甜点到来前稍做休息，又尝试了一轮更深入的实验：我们阅读了一些我提前搜集的有关枪支的深层事实。其中有些确认了人们的现有信念，另一些则对它们发起了挑战。这些事实[10]包括：

• 美国现存的民间枪械可能达到了 2.7 亿支。

- 35% 的美国家庭拥有枪支。[11]

- 美国每 10 万人中有 12 人死于枪击事件。

- 38% 的枪击死亡来自暴力行为（其中半数为黑人男性）。[12]

- 62% 的枪击死亡是自杀（主要为白人男性）。[13]

- 不到 1% 的枪击死亡来自 3 人以上的大规模枪击事件。[14]

- 5% 的枪击死亡是半自动步枪导致的。

- 90% 的枪击死亡是手枪造成的。

- 使用枪支时，自杀企图成功的概率高了 17 倍。[15]

带着这些新鲜的信息，加上我们自己的亲身经历和已经分享的故事，我逐一询问大家，在他们眼里，枪支辩论可能出现的结局是什么样的。换句话说："我们如何知道枪支问题毫无疑问地得到了解决？"这个问题既适用于支持枪支管制的人，也适用于支持持枪权的人。在就餐的过程中，我们明显地感到双方都很关注安全、自卫和自由。唯一的分歧在于我们对谁最需要保护的定义，以及人们愿意为获得安全放弃什么。

大家围着餐桌走来走去，给出了一些提议。有一个人认为，成功的证据是将民间持有的自动和半自动枪支数量减少到零。另一个人认为应该把大规模枪击事件的数量减少到零。还有一个人提出，应该是把枪杀案的数量减少到零。这一建议得到了广泛的认同，因为我们似乎越来越接近问题的真正根源了。尼克一直是持枪权倡导者一方的参谋，他提出了一个自己感觉更舒服的建议："我们为什么不尽可能地减少自杀和谋杀事件的总数，而不去管它们是怎么发生的呢？这样的话，你可以避免另一个争议：坏人就算没有枪，也会用其他的方式杀人。另一方面，你也大可放心，减少枪击致死事件可能仍然是降低死亡总人数的最佳策略。但要是有人想出了更好的方法来拯救更多人的性命，这也可以让我们把时间和精力妥善地放到合适的地方去。"

如果从一本书上读到这个提议，你或许会有直接的反应，或许没有。甚至，你对这个提议的赞同与否，仍会引发一场内心的冲突。实际上，这兴许不是你第一次听到这样的提议，也不是你第一次对它嗤之以鼻。然而，因为这个设想来自一场亲密的对话（它极为私人、不乏傻气、充满好奇心，也有很强的技术气质），它实际上深深打动了我们这个小群体。我们已经积累起足够的善意，为这一建议创造了心理空间，把它看作一种值得考虑的可能结果，或许我们的食欲也让我们更坐得住、没那么冲动了。

"也许，"我想，"我们可以稍微放下对枪支管控议程的强烈关注，考虑一下所有的暴力和自杀问题。为什么不呢？来这儿的都是朋友。"当然，在我内心深处，理性的声音仍在低语："枪支管制恐怕是这个问题的最佳策略，我真的不需要考虑别的选择。"

终极目标是这样定义的："在尽量少侵犯个人自由的条件下，尽可能减少谋杀和自杀的人数。"本来还可以再增加些别的目标（突然之间，餐桌上出现了各种各样的终极目标），但这个是我们所有人都认同的。

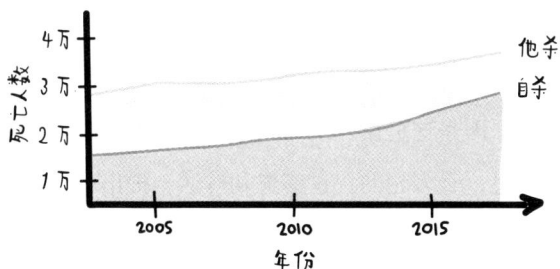

图 6.9 美国 21 世纪初以来自杀和他杀人数的变化

我让人们分成 3～4 人一组，重新给他们斟满了饮料，以新法案的形式构思本州或联邦最佳立法提案。考虑到这只是个单纯的小游戏，我们可以设想法案将自动通过（所以，你无须为了让国会同意而做出妥协），但有一点必须考虑到：一旦成为法律，它将怎样被推广和被执行。我还建议我们以 20 年为限来考虑结果，鼓励大家提出影响重大、随着时间推移将产生各种衍生结果的建议，而非着眼于短期的紧急补救方法。

而且，我又加了一个转折。

猴爪

除了构思能在 20 年里尽量减少他杀和自杀的立法提案，我还请每个小组在撰写提案时不给"猴爪"留下余地（因为"猴爪"将利用所有可能存在的漏洞，让提案适得其反）。等各小组回来分享其提案时，其他小组就扮演"猴爪"的角色，思考怎样让提案在最坏的方向上产生事与愿违的结果。因此，小组必须谨慎选择措辞，并预料会出现什么样的批评。

我们分组讨论大约30分钟，展开了激烈而充满活力的交谈——一部分原因是这时候我们已经喝了不少酒，但我敢肯定，还有一部分原因是这里设定了时间限制，并掺杂了少许竞争元素。我们想，经过这么多轮的背景搭建和对话，提出一套稳妥的提案应该不会太难吧？

然而，这真的很难！

我的小组碰到了不少障碍。首先，他杀和自杀是两个截然不同的问题，潜在解决方案也截然不同。自杀人数占枪击致死总人数的65%[16]，因此，仅仅解决他杀问题而忽视自杀问题是没有意义的，除非我们能接受提案最多仅能将枪击致死总人数减少35%。此外，35%的凶杀案中，有一半涉及非裔美国人的暴力事件[17]，而这在新闻中几乎没有报道。来的人们最担心的是突击步枪和大规模枪击事件，两者都只占问题的很小一部分；很明显，追踪这些问题并彻底解决它们，几乎不会让数字减小。我们知道如何防止美国人（尤其是郊区白人男性）自杀吗？我们对减少美国城市黑人男性的暴力行为了解多少？只用了几分钟，我们就意识到自己知道的实在不多。

这一切最惊人的地方在于，直到那个瞬间，我才意识到自己对美国他杀和自杀模式的全貌知之甚少。其他人，比如尼克，也意识到了这一点，他温和地鼓励我们继续探索这一思路。随着小组对这一认知的探究，了解更多相关事宜变得容易起来（如今凡事都只需要打开搜索引擎就知道了）。我们搜索了哪些人会自杀的大致数据，查看了美国自杀率与其他国家的对比情况，以及究竟是什么人用枪杀死了什么人。

突然之间，放弃禁止突击步枪、延长购买枪支等待期等简单解决方案，变得非常容易了。原因在于：首先，许多州已经实施了这类法律；其次，它们并未真正解决问题。

那到底怎么做才能真正解决问题呢？我们有10分钟的思考时间。

总而言之，我们没能想明白。我们先分成3组，之后再次聚到一起分享各自的提案。第一组的提案是设计一种新的智能枪支，只有枪主使用才能开火——这基本上就是带有指纹和面部识别功能的枪支。另外两组扮演猴爪的角色，做出设想：这些枪支现在由谷歌和苹果控制，还需要充电。因为必须像手机那样充电，它们变得更不安全了，孩子们也能骗过枪上的面部识别软件（因为无法及时进行软件更新，它肯定会过时），造成一些可怕的公关悲剧，让智能枪支陷入跟电动踏板车和家用录像系统同样的命运。

第二组（我是其中一员）提议成立一家类似车管局的私人组织，命名为DCG（Department of Cool Guns，即酷枪管理局，以吸引千禧一代）。全国步枪协会将派出部分人员担任其成员，以便从两党获得政治支持；DCG检验并颁发枪支执照，其方式与车管局管理驾驶员执照的方式非常相似。此外，DCG还会将你纳入联邦持枪者登记簿，该登记簿同时还汇总犯罪记录和新的精神健康报告。提案拼图的另一些小元素是对弹药进口征收昂贵的关税，并对一项新的"智能子弹"技术提供补贴，该技术将使得子弹携带独特的"指纹"，可以追溯到购买弹药的持枪者。我们必须留出时间，让供需关系哪怕在枪支和弹药黑市上也慢慢向智能子弹倾斜。当然，这并不能直接解决自杀问题，因此针对那些正在考虑自杀却没有弹药的人，我们会培训出一支心理健康专家团队，在全美各地的枪械店充当工作人员，快速进行现场许可和心理健康检测（哪怕是常规的心电图，也能让 DCG 有机会找出那些意图自杀的人并伸出援手）。另外两组"猴爪"轻松地从精神健康专家这方面找到了漏洞。由于预算有限，这些人会变得异常腐败，易受贿赂，最终，他们会组建一家影子组织，成员是幻想破灭的心理健康专业人员，专门对民众敲诈勒索，最终导致 DCG 陷入悲剧式的崩溃。

第三组即最后一个组的提案是，利用射击场来推广并执行全美范围的枪支许可计划。他们也提出了智能弹药的设想（我感到很意外，这居然不是个新点子），但并未试图解决自杀问题。另外两组"猴爪"认为，这会浪费大量的精力和资金，这种方法虽然有效，但对枪击杀人或自杀的大规模趋势并没有真正的影响。

这天晚上在一轮"接下来怎么办"的简短对话中结束，大家互相道别，并在随后的一个小时里相继离开。我跟最后一批离开的人闲聊了一阵，我的好朋友凯蒂也在其中，我们说起这个晚上是多么刺激。关于枪支管制、杀人和心理健康，我们没有得到任何稍微接近些的答案。然而……说起来有些奇怪，当我们意识到自己所知不多之后（我们先前非黑即白的立场逐渐消失，让位给了一种灰度不一的频谱式立场，我们从共同的可能目标出发，一起探讨和争论），不知为什么，我们反倒感到更明智、更充实了。

为什么我之前的尝试都失败了，聚餐却开启了我们这群人的可能性之声呢？虽然听起来有些古怪，但我认为，这是因为共同进餐这一社会习俗赶走了理性和权力的声音。它们退居幕后，让另一些原始直觉，比如社群意识、善意和接纳站到了前面。一如尝试一道新菜可以拓展我们的视野，尝试一种新的假设或信念也能打开我们的思维。

从这个意义上说，这是一场胜利。聚餐这个游戏就在于把自己的经验和信念当成一道菜与他人分享，获得别人带来的东西。我们都享受了游戏带来的安全、成长、联系和快乐的果实。

第六件要尝试的事

主动创建讨论

分歧聚餐就是想办法让人们聚集到一起吃饭聊天，人人都有所贡献，人人都有份参与。我主持过几次，它们各不相同，也各有各的意外之喜，但它们全都带来了更新的视角，而这一视角又得益于人人都有所投入的最有力的观点。

还记得学校里老师是怎么教我们写议论文的吗？你先写一段简介，吸引读者的注意力，确定文章的主题，并概述你的主要支撑点。接着，你为每个支撑点写一段话，更详细地阐述它们怎样支持了你的主题，并列出证据。最后，你重申主题，把所有主要的支撑点结合到一起，漂亮地收尾。理性的声音就是喜欢这样写文章，而它深深地嵌入了我们的文化——我们怎样辩论，怎样讲述故事，等等。这个结构的底层逻辑驱动就是提出一个重要观点，接着把所有的论据都放到上面去。

主动创建讨论的核心理念是，把标准的说服文章视为整体的一部分，然后围绕它建立支撑和协作的结构，赋予它背景。

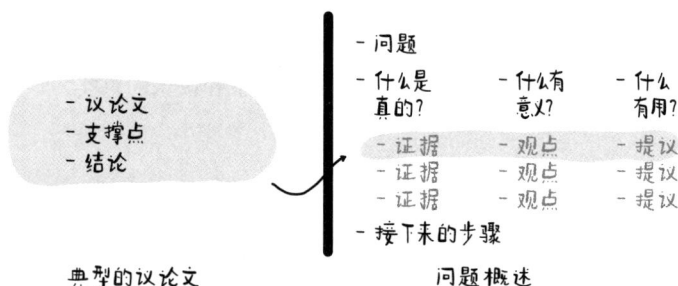

图6.10 主动创建讨论的核心理念

可能性的声音不是围绕一个主题展开的，而是围绕一个有意思的大问题展开的，它基本上是个开放式问题，有着共同的最终目标状态。

一篇议论文可能会说："每个州都应针对每种枪支销售实行全面的背景调查。"对比来说，问题概述则会以"我们怎样在10年里最大限度地减少杀人案件"来开题，实行全面的背景调查或许是提议之一。一篇典型的议论文只有支撑点，问题概述则还包括对提议最强烈的批评，也就是说，它需要跟提议最强烈也最优秀的批评者共同撰写。这非常重要，因为我们看不到自己主张中的缺陷。

传统的议论文只提出一个例证，并把所有的证据投入其中。问题概述收集所有尝试解答该开放式问题的最佳提议。这意味着它可能拥有 2 个、5 个甚至 100 个不同的提议，每个都有支持的证据和拟议的行动，每个都是支持者和反对者合作的结果。在撰写传统议论文或碰到传统分歧时，你可能有动机隐瞒论述的缺点，夸大它的优点，但如果你们共同创建讨论，这些行为就毫无必要，也没有任何好处了。

一旦明确了问题的核心症结和最终目标，做出了例证，合作者之间就有可能出现富有成效的分歧。哪怕他们在证据、观点和提议的细节上存在分歧，但基于对各种可能性的共同认知，他们知道自己正在共事。抵御猴爪，有助于双方投入一场共同的战斗（虽然这是一场出于想象的战斗），让双方的论点都变得更锐利。

7

营造中立的沟通空间

要让各种可能性浮现在
我们的餐桌旁、
我们的社群里，
它就必须先在
我们的头脑中扎根显形。

回想一场最近的争论，抛开争论本身，想想争论发生的环境，环境中是否有什么东西鼓励（或妨碍）分歧带来不同成果？

权力动态如何？

人们对争论的结果有什么样的期望？

还有没有什么别的无形背景（如文化规范、共同历史、争论所发生的沟通媒介、时间限制等）在暗中影响这场争论？

我们认为，自己的论点存在于时间和空间之外，是完全理性的论述，它们因其客观的特点而发生冲突并最终走向解决。这是一种非常西方化的看待世界的方式。我们是个体；事实就是事实，有对有错，有好有坏，有赢有输。推理是这样的：无论你置身宇宙何处，自然的基本规律都是一样的，这必定也适用于真理（真相）。我们认为真相始终是真实的，事实永远是事实；我们认为我们的论点和信念也以同样的方式运转。物理定律可能不会改变，但所有受这些定律制约的事物（包括事实和真理）总是在变化。

东方思维信奉流动性。我的妈妈是移民——20多岁时，她只身从日本来到美国。她遇见了我的爸爸，两人结了婚，生了两个孩子。她的兄弟和家人仍在日本，这些年来我去拜访过他们十几次。我注意到，美日文化中最明显的一个差异就在于，双方对空间的间隙（negative space，即负空间，日语里称作"間"）和日常物品用途有着不同的思考方式。

在日本，席地而坐很正常，墙也可以是门，地板可以变成床。一切物品的设计似乎都可以无缝地适应不同的用途，部分原因是空间非常有限，但也是因为日本文化跟空间有着一种不同的关系。

大学时代，我拜访了住在东京郊外一座小镇上的舅舅和舅妈。我带了几个朋友一起去，抵达当地之后，明显能看出我们有多么引人注目。就算按美国的标准，我们的个子也很高，而且我所有的朋友都是金色或浅棕色头发。我们参观了舅舅家附近的一座寺庙，需要走一条小路上山。寺庙里有一间茶室，天花板很低，铺着榻榻米地板，地板上嵌着一张炉床。房间的门很矮，我们只有弯腰低头才进得去。这是有意设计的：低矮的门口，可以提醒客人在进入时心怀尊重。墙上挂着画卷，房内有鲜花，房间里的每一个细节都有其目的和意义。虽然我对我们参加的这种茶道很熟悉，但通过朋友们的眼睛来体验它，让我意识到环境的微妙之处对体验的情绪有多么强大的影响。举个例子，在这样的场景中讨论枪支管制就很难。茶道仪式非常考究，甚至还包含了一套非常具体的讲稿。尽管我们不知道步骤，犯了许多相当于茶道重罪的失误，但很明显，就连我们这些局外人也看得出来，仪式怎样有效地利用了空间，以及多层次的背景、文化和环境——在茶道仪式里，这些都被视为平等参与的因素。有那么一瞬间，我甚至感觉，怎样走上山、穿过茶园甚至从美国到日本的跨越大洋的过程，虽然仅仅是这间茶室的外层，但又全部是同一套仪式的一部分。

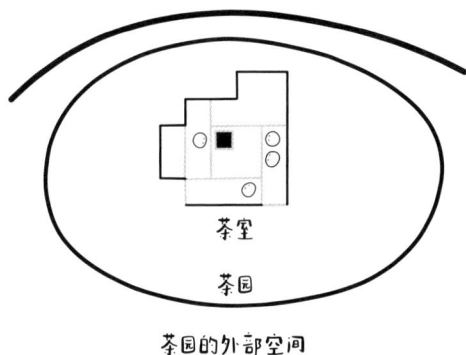

茶室的外部空间

图 7.1　茶室及其四周的空间结构

这种对人与房间之间互动的关注，在茶道仪式里十分明显，在日本文化的其他许多设定中也有所体现。[1]如果一个空间的设计目的是建立人际关系——比如围绕一张放着食物和饮料的桌子——就会说它拥有"和"（wa）。一个专注而富有创造性的工作空间旨在促进思想的流动，则它拥有"场"（ba）。如果一个空间有利于中断行为和意外发现（比如设有共享座位的公园），那么它就拥有"间"（ma）。至于一切东西都从其继承而来的背景，包括地点之间的行程和处所的历史背景，则由该空间的"所"（tokoro）涵盖。

不同环境所具备的这些不同"个性"，有助于我们理解分歧中的一个经常无人注意的因素。分歧出现的物理空间会影响我们听到的声音（我们能听到谁的声音？），对话的动态（人们扮演着什么样的权威角色？），人们的参与方式（谁可以发言？），甚至谁来参与（谁可以进入房间？）。在工作环境下跟你的老板产生分歧，理性的声音或许占据上风。在职业场合，意见分歧是有规范可循的。反过来说，你下班后跟老板一起出去喝一杯的时候，一些正式的礼节规范就会退后，让分歧接纳更多可能性的声音。

我们可以从三个方面思考产生分歧的空间：

1. 观点。该空间是鼓励还是阻碍分享不同的观点？在这个空间，哪些声音最受欢迎？它对头、心和手的冲突有偏好吗？

2. 人。任何人都可以自由进出该空间吗？如果该空间有进出限制，这一限制会带来什么样的后果，又会产生什么样的局限性呢？

3. 文化。这个空间里过去与现在的互动，会对它的未来有什么样的影响？存在有利于（或不利于）特定参与者或观点的认知偏差吗？

这里有几个例子，用来说明这些问题的答案在不同的地方可能会有什么样的不同。

在教室里，老师和学生之间有着权力的互动。老师设计课程，负责推动讨论。学生可以提问，但不能直接更改课堂的日程安排。如果出现分歧，老师一般有权鼓励或叫停它。

在社交媒体上，有大量不同形态的空间需要考虑。有人发布主帖，下面是网友评论。这跟课堂动态没有太大区别，只不过发起评论的文化规范并不阻止评论推翻原帖。如果出现了意见分歧，最初的发帖人或许无法控制事态的发展。

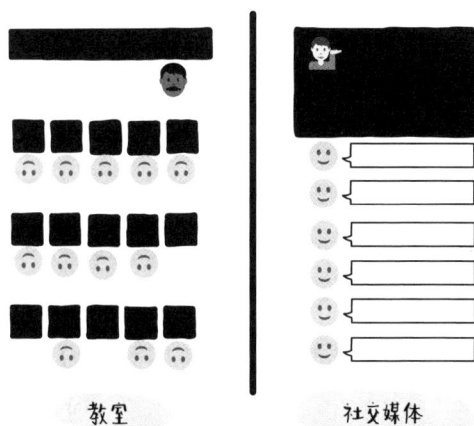

图 7.2　教室和社交媒体产生分歧的区别

想想我们在拜访别人时要遵守的礼节。每户人家都有自己的规矩，需要主人和客人之间不停地进退试探，初步确定哪些做法受主人允许，哪些不行（客人能不能再邀请别的人来，进门要不要脱掉鞋子，可以发出多大的音量，等等）。

一家公司对拜访、求职和就职，各有不同的规范。如果你是公司的一名员工，你提出不同意见、自我表达的程度，在面试和董事会上的接受程度可是相去甚远。

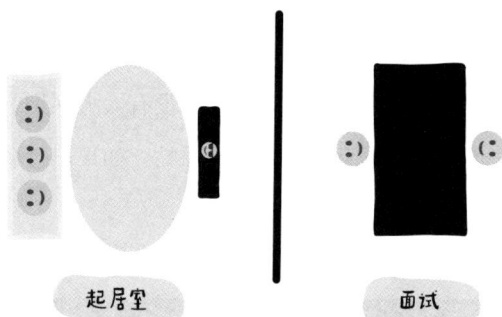

图 7.3　起居室和面试场合产生分歧的区别

在为富有成效的分歧设计中立区域时，我们可以提出的一些最重要的问题是："谁可以进入房间或来到桌子旁？你在那里扮演什么角色？你能提出不同意见，还是只能对不同意见加以回应？你能提出一些开放式的问题吗？你能不能为自己发言？"

当在座的人还能决定将来谁可以加入会议时，这一点尤其重要。而这就是美国参众两院正在发生的情况。

移民、包容和驱逐

如今，许多国家都出现了一种极为棘手的分歧，那就是移民问题，从本质上说，这是一种关于边界、公民身份和权利的分歧。它表现得如此激烈的部分原因在于，一旦你移民进入了某个国家，你就会在同一场对话中获得发言权。全世界的每个国家必然都有移民和公民身份政策，这反过来又决定了谁将来在定义这一政策上享有发言权。

我在为本书做调研期间进行的规模最大的实验，就是创建了一个邀请制的在线社区"丰收地带"（fruitful.zone），旨在为政治和其他热门主题建立多元化的友好对话空间。到现在为止，它已经运行一段时间了，我们早期最有趣的一个对话主题就是移民和边境安全。

这是一个永远存在分歧的主题，也是一个完美的例子，说明了权力、理性和回避的声音是怎样辜负我们的。谁可以加入我们的部落？谁应该被排除在外？我们应该如何执行这些规则？此外，这一对话还同时发生在三个层面：

- 在"丰收地带"在线社区
- 在美国公民当中
- 在美国国会上

每个空间都有政策和制度来规范谁能够进入和退出。对于第一个层面，我用行为准则和明确的意图（进行多元化的友好对话）加以控制；美国公民通过选举程序选出国会议员，而国会反过来又通过联邦预算和法律体系来决定政策并执行，这些政策影响着谁能成为美国公民。

我的行为准则、国家的选举程序、预算程序和法律制度本身都在不断变化，容易受到各种认知偏差和问题（它们源自这个充斥着太多信息，资源又有限的世界）的影响。随着人们移民进入美国，或从美国移民至别国，随着人们从出生到死亡，可用的视角也在发生变化，而且这个循环周而复始地存在。例如，1967年，95%的国会议员是白人男性；1992年，白人男性的比例降至81%；到2018年美国中期选举结束时，该比例为76%。[2]

白人男性占美国人口的38%，因此，他们在国会中所占的人数仍然超出比例，但这一趋势正在慢慢向平等的方向发展。与此同时，1960—2010年，全美国的白人比例也从88%减少到了72%。[3]

再想想，12.5%的美国人是黑人，以及美国建国时的奴隶制和种族主义历史。还要想想，现在的美国公民中只有0.8%是美洲原住民，早在欧洲人殖民美洲之前，他们的祖先就生活在这片大陆上。当时美洲原住民的人数是如今的25倍，经历了无数战争和疾病的蹂躏后减少到如今的境况。毫无疑问，移民政策在美国历史上的每个时代几乎都是热门话题：所有美国人都受到波及，怎样应对这一现实的对话，牵涉到了大量民众、讨论和时间。到目前为止，与美国的过去和当前现实进行和解的一切尝试，都还远远不够。

当美国国会的人口构成无法代表美国的人口构成时，要想就移民执法这样激烈的事情展开一场富有成效的对话，很容易看出国会里的代表情况为什么事关重大。

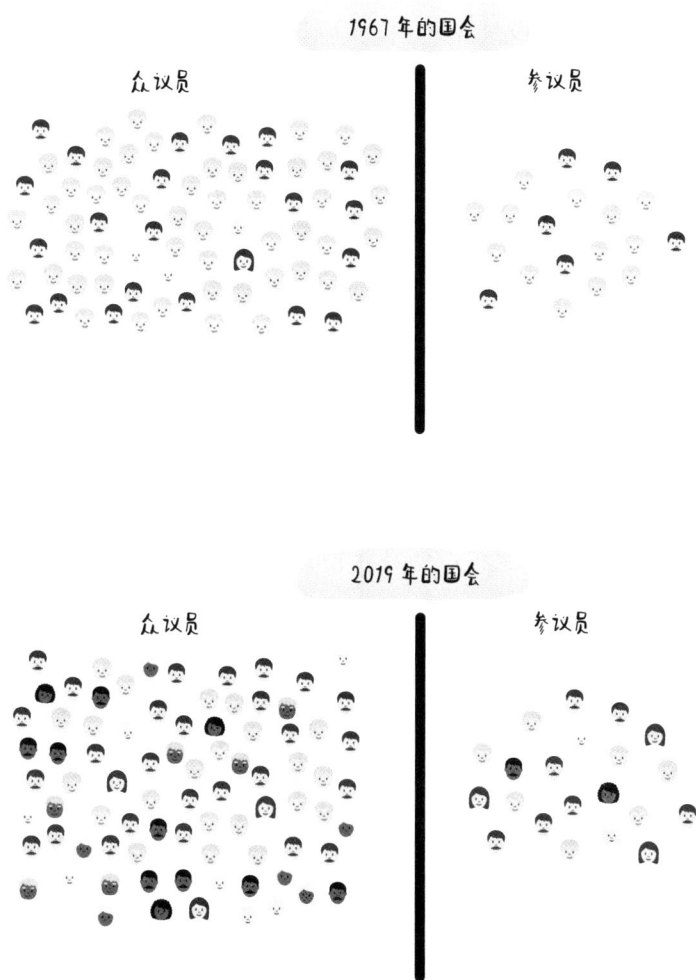

图 7.4　1967 年和 2019 年美国国会的对比

对于不在国会当中的人，我们能做些什么呢？可能性的声音仍然可以促进对话的发生，但我们必须为它创造我们自己的空间，并邀请人们参与其中。在"丰收地带"几个月的组建过程中，我开始感觉我们已经为这场对话做好了准备。

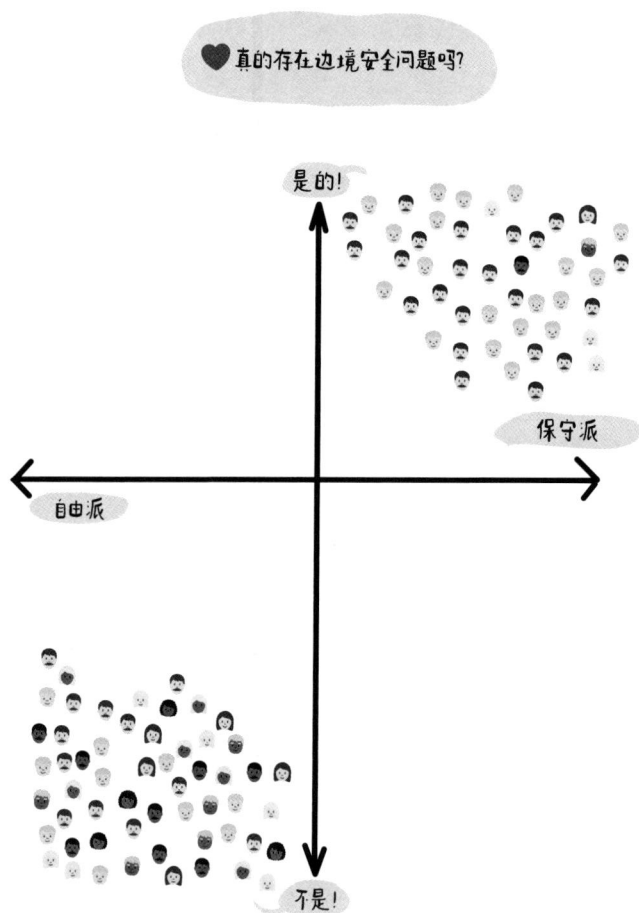

图 7.5 对是否存在边境安全问题的不同看法

我的老朋友贾里德是埃克森美孚石油公司的律师，目前住在迪拜，自认为是自由主义者，但也有着深厚的保守派根基。有一天，他告诉我，他想在"丰收地带"启动一个对话主题。当时，美国政府正因为无法解决特朗普为边境墙提供资金的愿望而被迫停摆。

> 我想向双方问一个关于边境墙的问题。在资助建墙问题上的分歧，导致政府停摆，但这显然对双方都是一出讽刺戏。50亿美元预算并不多，为什么左翼人士竟然愿意为此让政府停摆呢？他们真的认为可以开放边境，允许人们随意跨越边境吗？他们真的认为边境执法是不道德的吗？还是说，这是为了让特朗普难堪，否定他最喜欢的竞选承诺——这似乎是让政府停摆的一个愤世嫉俗的动机？

我回答说：

> 我喜欢这个问题。不过，你愿意为提问架设一个更中性的框架吗？兴许我们可以为政府因为50亿美元而停摆列出一些可能的原因，并请各方为每个原因给出最好的理由。

我了解到，贾里德认为，让问题带点儿挑衅性会引发更多的对话，而我的做法是中立构建问题，这要求人们在回答时做更多的考察，因此参与度不会太高。

贾里德不是唯一一个这么看待分歧和挑衅之间关系的人。我们已经学会了在分歧中期待挑衅与反应的模式，我们甚至认为，有必要激发人们的焦虑以获得反应。这自然会将对话推向权力、理性和回避的声音所希望它走向的方向。经过来来回回的反复讨论，贾里德发了这样一条帖子：

我们可以怎样改进美国的移民执法制度？

　　考虑到目前政府停摆的情况，出现了许多关于移民执法的讨论。在很多人看来，建墙似乎同时成了移民执法积极又消极的象征。但很明显，一道墙只是更大范围的移民执法制度的一个潜在组成部分。其他相关元素还包括边境巡逻、签证和工作许可要求、就业法律、庇护程序和驱逐出境等。撇开墙的象征意义和战略意义，以及它对两党各代表着什么，你希望看到美国的移民执法制度做出怎样的改变？你对如何改进现有制度有什么想法？

　　看到贾里德这样表述对话，而不是之前的"他们真的认为可以开放边境，允许人们随意跨越边境吗？他们真的认为边境执法是不道德的吗？"，我非常高兴。新的表述里不再有"我们"和"他们"的对比，相反，它承认了不同制度、问题和解决方案之间的复杂性和互相关联，并在结尾提出了一个改进制度的开放式问题，而非单纯的是与否的问题。

　　这条帖子引来了大量来自不同视角和知识领域的不同观点。有一个人这样说：

对于已经到来和正在到来的移民大篷车，我相信，如果等到它们到达边境，我们再有所反应——不管反应是什么——就太迟了。束手等待、除了加强防御什么也不做，只会给我们带来更大的问题。如果有人问我，我的解决办法则是在路上与他们相见。尽可能多地去认识一些人，这样我们才能真正了解他们的处境。如果我们尽量多做预先筛选，我们就能加快边境问题的解决进度，向他们展示我们的善意和热心，减少边境发生骚乱和暴力冲突的可能性。

当我听到来自多个人的开放式语言时，我判断出，对话正朝着富有成效的方向发展。"我相信""如果你问我，那么我的解决办法是"一类的措辞，以及表示团结的类似姿态，在对话的过程中十分微妙，几乎看不见，却为群体其他成员铺垫了一种"可能"与"开放"的基调。

有些讨论涉及这些大篷车里的人是为躲避暴力而来的，还是为寻找工作而来的，还分享了视频和采访。最终人们达成的共识是，大篷车里的大多数人都在墨西哥寻求庇护，只有极小一部分人成功进入了美国，一些人是在通过合法途径逃离暴力。贾里德补充说：

　　对于诸君对解决人道主义危机的关切，我非常敏感。在我被派驻海外之前，我曾在庇护法庭上代表庇护申请者发言。我帮助的一些人曾有可怕的遭遇，除非获得庇护，否则将面临死亡的威胁。但你们所担心的，似乎并不仅仅是一套健全的庇护程序。如果我理解得不错，你们希望看到一线有更多的人道主义援助，以缓解人们申请庇护的需求。这么理解对吗？你们认为这需要美国对冲突／压迫提供更多干预，还是给予更多的货币援助？我很纠结的一点是，怎样在饱受战争践踏的国家提供这样的援助？那里的民众受到压迫，经济援助很可能无法到达我们想要帮助的人那里。还有一个问题是：在国内外都有大量需求的前提下，我们能提供多少援助？

"我非常敏感""你们所担心的""如果我理解得不错""对吗""你们认为""我很纠结的一点""还有一个问题"，这些都是可能性语言的例子，它们向所有人发出信号：这是一个探讨观点的中立场所，而不是战争地带。接下来出现的问题是关于漏检移民和边境安全之间的关系。

边境变得更安全了吗？更稳固了吗？下次墨西哥或中美洲经济陷入困境的时候，美国还能够应对大规模人口流入吗？阿片类药物成瘾不再是问题了吗？我认为边境更危险了。虽然非法移民数量在下降，但边境异常危险，墨西哥一侧更是如此。

这属于头的冲突，因此可以查找并分享事实。有人拿出了来自美国边境巡逻队的一份统计数据：

> 暴晒（包括中暑、脱水和体温过高），是边境死亡的主要原因。"边境天使"组织估计，1994 年以来，约有 1 万人在试图穿越日益军事化的边境时死亡。根据美国海关和边境保护局的数据，1998—2017 年，有 7 216 人在穿越美墨边境时死亡。2005 年，整个美墨边境有超过 500 人死亡。1995—2005 年，每年越境死亡人数都会翻倍，之后才有所下降。美国边境巡逻队报告，2017 财年（截至 2017 年 9 月 30 日）共有 294 名移民死亡，数量低于 2016 年（322 人），也低于 2003—2014 年的任何一年。[4]

接下来的问题是边境墙能否发挥作用——这属于手的冲突。如果你询问权力的声音，那么很容易看出墙的确发挥了作用。墙不仅是物理屏障，也是权力的表达和象征。它们有恫吓的作用：它们让对方在进攻时三思。所有这些都起了叫停对话的心理和生理作用。这很好，只除了一点：我们知道，一旦对话停止，怨恨说不定就会累积起来。一道墙变成了一个挑战：你能越过高墙吗？再说，放眼历史，大多数城墙最终都会被越过，大部分的权力也以倒台告终。

如果你询问理性的声音墙是否有用，它可能会诉诸数据和证据来帮助讲述一个充满数字的故事。这属于头的冲突，可以从查询可用信息中获益。让我们来看一些关于移民和边境的数据，观察会出现什么样的故事。

当前，美国居住着多少类不同的人？

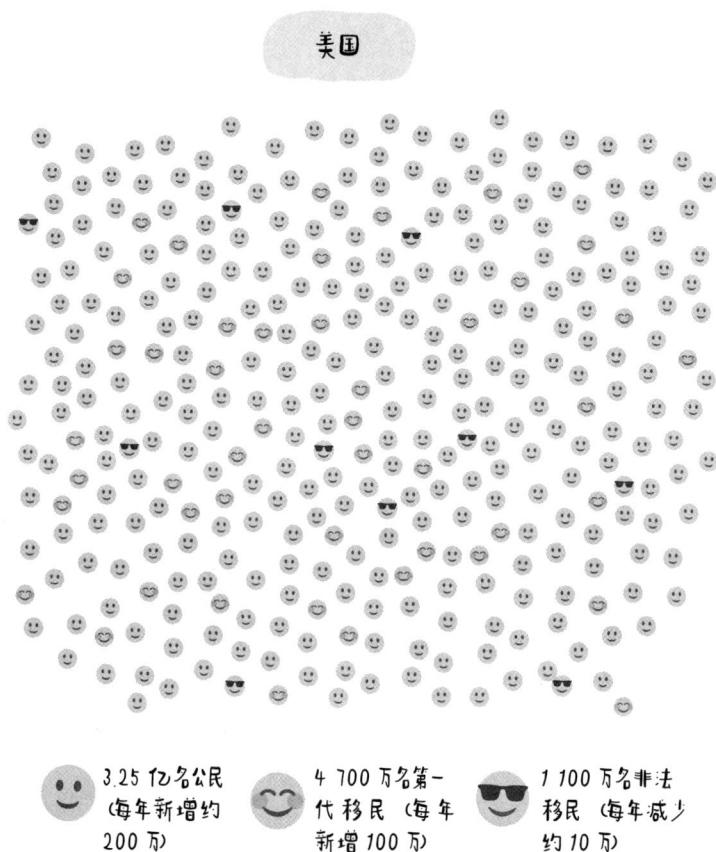

图 7.6　美国当前的居民构成

在成为美国公民的移民中，20% 属于家庭担保，47% 是美国公民的直系亲属，12% 是就业优先移民，4% 属于多元化移民签证项目，13% 是难民和 / 或寻求庇护者。[5]

边境线上的移民每年有怎样的变化呢？美国边境每年约有 80 万人因越境遭到逮捕[6]，同时每年约有 25 万名非法移民遭驱逐或自愿离开美国。每年进入美国的非法移民中，约有 85% 的人是拿着旅游签证和其他签证访美（每年约有 5 200 万人次持旅游签证或其他签证入境美国）后因签证逾期而滞留的，2007 年以来，非法移民的比例一直在下降，主要是因为能入境美国的非法移民减少了。

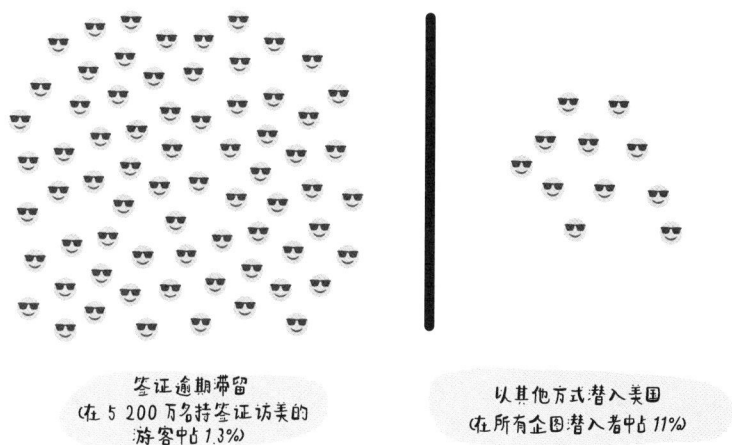

签证逾期滞留
在 5 200 万名持签证访美的
游客中占 1.3%

以其他方式潜入美国
在所有企图潜入者中占 11%

图 7.7 美国非法移民的构成

在"丰收地带"的对话里，我们从现成的研究中找到了有关犯罪、贩毒、人口贩卖、移民对工资的影响等问题的答案。不管我们持什么样的政治立场，如果我们把大部分精力都用在一同寻找可靠数据上，通过合作围绕这些问题构建理解就容易多了。

除了其他方面，我们发现，有证据表明，走私进入美国的毒品中有 80%～90% 是从合法口岸入境的。我们了解到，55% 的服药过量源自通过处方合法获得的药物。我们还了解到，移民对工资的影响很小：按照经济学家的说法，每 1 万名移民加入一个社区，工资会受到 0.1%～0.3% 的影响。但是，超过 90% 的移民是合法进入美国的。

这一切让我们对移民政策、边境安全、毒品走私和工资等相互关联的因素有了更多层面的认识。它带给我们的不仅有答案，还有更多的问题，而围绕对这一问题的有限认识，我们共同努力勾勒出一幅画面的这个举动，变得既愉快又富有洞察力。这跟我们过去跟人谈论边境墙时的感觉非常不同。我们不再执着于争论"墙有用！""墙没用！"，转而去开发了一个有待我们探索的迷人问题空间。

如果同一场对话在相同的人之间进行，但发生在一个不那么中立的空间（比如社交媒体上），就不太可能跳过简单的引战式问题，而转向另一方面的更有趣的问题，至少讨论者将很难保持克制态度。环境很重要，我们进行对话的空间很重要，权力动态、目标期待、对房间里不同视角的接触，全都很重要。要有健康的土壤，富有成效的分歧才能结出成长、联系和快乐的果实。

从这次谈话中，我所得到的最生动的分歧果实，竟出自墨西哥谋杀率上升背后的原因。

从表面上看，最明显的原因在于墨西哥是世界上部分最主要的毒品走私的渠道。毒品走私是一个利润丰厚的非法行业，黑帮之间的不断火并、黑帮对平民持续的暴力行径，都屡见不鲜。

然而，尽管我们通过各种各样的报告发现墨西哥的谋杀率正在上升，可事实最终证明，贩毒集团战争这个简单的答案并非故事的全貌。实际上，是更强势的政府执法使得墨西哥贩毒集团和黑帮不稳定，反而提高了谋杀率（真是有些讽刺）。[7]

情况是这样的：大帮派头目和其他高级别成员被捕后，留下了血腥的权力真空，导致帮派成员为了争夺更高的地位展开大规模的内斗。此外，新崛起的地方帮派也尝试填补这一权力真空，指望从毒品交易带来的巨额利润中分一杯羹。[8]与此同时，另一些成员放弃了因此变得不稳定的帮派组织，利用非法技能，投入其他非法和暴力活动，把犯罪行为带到了以前未受波及的邻地。[9]如此一来，谋杀率全面上升。

因此，在一定程度上，谋杀率上升是因为政府的那些成功破坏了毒品交易的举措。短期的胜利有可能引发新的长期问题。我们这些参与对话的人花了一些时间来讨论人们是否认为能在一个没从前那么危险的形势下形成新常态，或者说打击毒品犯罪这一"治疗"手段是否最终反而会带来比"疾病"本身更糟糕的结果——这是手的冲突，它侧重于观点和视角，而非事实。

这引出了一个全新的话题：美国当前的阿片类药物危机，对个人有怎样的影响。围绕滥用药物、精神健康问题，有时甚至是自杀或意外死亡的故事非常普遍，这很能说明问题。这一主题启动一个星期之后，我们不光了解到了美国移民政策和执行中的种种细微之处，还为发生在美国境内、对我们自己家人（不管我们属于政治谱系的哪一极）而言非常真切的一种危机找到了建立联系的新途径。

对上述任何一个问题，我们并没有变得离答案更近，但我们对这些问题错综复杂的性质有了更多的认识，也了解到整个群体里的不同人等受到了这些问题什么样的不同影响。一如古代寓言里摸象的盲人，我们每个人都摸到了大象的不同部位，也都能够尊重别人摸到的是大象的其他部位，这让我们为下一次对话做了更充分的准备。

这就是一个富有成效的分歧，它结出了丰硕的果实。

怎样让空间变得中立？

与所有社区一样，"丰收地带"在成立过程中也出现过一些波折。我碰到过一次这样的情况：一条关于种族主义的曲解评论，让一名成员突然离开了社区。起初，此类事件会造成巨大的冲击，剩下的成员会讨论我们怎样从中吸取教训。最终，离开的那个人决定回来，我们也能听取他的观点，他告诉我们什么地方做得不好，以及以后如何避免。

另一次，一个讨论主题演变成了人身攻击和辱骂。我们有一套非常明确的行为准则，包括"禁止人身侮辱"和"观点是观点、事实是事实，不要混为一谈"等——都是一些你能预料到的基本规则。但从执行规则的角度来看，这是我们第一次遭受检验。在这样的时刻，权力和理性的声音会采用驱逐、审查和禁止作为主要执法工具，但这些工具并不完美。实际上，它们会让社区两极对立，引发问题。

近年来，科技公司也启动了自己的审查制度，对一些争议性人物，如曾任职于福克斯新闻台的格林·贝克、新闻类信息网站 Infowars 创始人亚历克斯·琼斯（Alex Jones，以阴谋论出名）、布莱巴特新闻网（Breitbart News，一家极右翼的新闻评论网站）前编辑米洛·扬诺普洛斯（Milo Yiannopoulos）等，采取了"平台驱逐"的做法。对"平台驱逐"效果研究的普遍共识是，最初，这么做会吸引很多人关注到禁止的人或观点，但随后此事热度便会下降，被禁一方的关注度最终会趋于稀少。2018 年 8 月 10 日，青年文化平台 Vice 的杰森·科布勒（Jason Koebler）引用了非营利调研组织"数据与社会"平台责任研究负责人琼·多诺万（Joan Donovan）的话：

> 去年我们一直在进行一项研究，当某个相对出名的人遭到 Facebook、推特、YouTube（优兔）等平台的驱逐时，最初会出现一个爆发点，他们的部分受众会跟着这些人一起离开……但总的来说，衰减是相当显著的，他们无法获得在遭到这些更大平台驱逐之前的同等放大力量。[10]

这一论断听上去不假——由掌权者实施的审查制度的确有效。放眼各国历史（包括过去的美国），你会发现审查制度确实在短期内立竿见影。就在那一刻，问题得到了解决。可漏洞在于，长远来看，遭到审查的信息往往会更强力地反弹，因为"遭到审查"这一点为信息赋予了新的吸引力。在历史上，禁书最终接触了本来无法接触的更多的人，仅仅因为读者觉得，它们既然遭到禁止，那一定是很重要的书。美国的图书馆一度禁止收录 J. D. 塞林格的《麦田里的守望者》、拉尔夫·艾里森的《看不见的人》、安妮·弗兰克的《安妮日记》和哈珀·李的《杀死一只知更鸟》。虽然这些书遭到学校和图书馆的禁止，可美国图书馆协会会在每年 9 月举办旨在庆祝阅读自由的"禁书周"活动，禁止反而成了这些书的极佳的营销手段。

在同一篇文章中，Vice 的杰森·科布勒进一步指出，考察"平台驱逐"对亚历克斯·琼斯、米洛·扬诺普洛斯等人的效果的研究人员也承认："目前尚不清楚，平台驱逐在短期和长期的将来会有什么样意想不到的后果。……或许会有其他没有预料到的后果。右翼已经从能力和道德方面对做出这些决定的科技公司发起了反击。我们还看到大批人逃离主流社交媒体网络，涌向了 Gab.ai 一类的网站。"[11]

在一个重视言论自由和思想多样性的社会，审查制度创造了一种奇观，给不受欢迎的思想赋予"捣乱者"的标签。我们产生了好奇心——是什么东西这么糟糕呢？如果这些思想跟我们产生了共鸣，我们也就跟敌人结成了盟友，肩负起了使命，立志要把这些思想传播得比其被禁之前更远。

我们还可以观察这些人所代表的思想发生了什么变化。每次平台驱逐的举动，都会为追随者制造一位次级殉道者。这些殉道者遭受的苦难越多，就越能有力地成为其事业的象征。只要看看苏格拉底之死对古希腊哲学的影响，耶稣被钉死在十字架上对基督教的影响，或者乔尔丹诺·布鲁诺被烧死对日心说的影响，我们就能理解了。

这就是权力和理性的声音最容易栽跟头的地方。它们对审查、禁止和驱逐感到满意，因为这些策略能立刻消除对其信仰体系的威胁。短期而言，这对当权者有利。但如果这两种声音采用长远的角度，并且承认这些举动的二级、三级效应有可能带来适得其反的结果，它们仍会心满意足吗？人们记得苏格拉底、耶稣甚至布鲁诺的思想，在多大程度上恰恰是因为他们是殉道者呢？

除了驱逐人和思想（尤其是那些在当下构成真正威胁的人和思想），还有别的办法吗？虽然违背直觉，但我们必须跳进这个问题所带来的不确定性当中。在这里，我们应该提出的棘手的开放式问题是：我们应该怎样创建能够接纳不同意见（甚至是极端的不同意见）的社群，不必将诉诸审查、禁止或驱逐等工具作为最终答案呢？我们不妨往前走一步，从个体而非群体的角度去思考分歧的主要参与者，意识到这些个体是立场、观点、信念、希望和梦想的集合。我们无法和一个社群争论，但如果能找到一个代表该社群的人，我们就能提出一些问题，引出意外的答案，为我们自己发言，共同创建讨论。而如果我们是在中立的空间与对手相遇，一切就容易多了。

亚历山大·索尔仁尼琴所著的《古拉格群岛》描述了苏联监

狱制度，它来自广泛的研究，以及作者被囚禁在古拉格集中营的亲身经历。[12] 他接触了一些相当邪恶和绝望的现实，但他并未简单地将邪恶推走了事，而是采用了一种不同的方法：

> 如果是那么简单就好了！在某个地方有一些坏人，阴险地干着坏事，只需把他们同其余的人区别开来加以消灭就行了。但是，区分善恶的界限，却刻在每个人的心上。谁能消灭自己的一小块心呢？
>
> 渐渐地，我明白了，善与恶的界限，不是在国与国之间划分的，也不是在各个阶级或各个党派之间划分的，而是在人与人的心之间划分的。这条"线"是变化的。在我们内心，它随着岁月的流逝而摇摆不定。哪怕是在被邪恶淹没的心灵中，也保留着一座小小的善意之岛。而即使是在最美好的心灵里，也仍然残存着一个并未被根除的邪恶小角落。
>
> 从那时起，我渐渐明白了世界上所有宗教的真谛：它们都是在与一个人的内心（每个人的内心）的邪恶做斗争。要把邪恶从整个世界驱逐是不可能的，但可以把它限制在每个人的内心。

索尔仁尼琴因直言不讳地批评苏联和古拉格集中营制度，被授予了诺贝尔和平奖，最后不出所料地遭到苏联驱逐。对怎样激烈地争论又不诉诸审查、禁止和驱逐这个问题，他的信息给了我们一条绝佳的解答线索。那就是务必认识到，我们需要划下的界线，并不在人与人之间。我们已经看到，长期而言，这么做往往没有作用，更何况它还要求我们重度依赖一大堆策略捷径（策略7：偏爱熟悉的东西；策略8：体验即现实；策略10：过度自信；策略12：保护现有信念）。这些捷径让我们妖魔化他人，同时忽略自己的缺点。我们可以慢慢扭动身体，挣脱这一懒惰的心智模型：理解自己对焦虑的反应，培养诚实的认知偏差（包括接受自己的局限性），为自己发言而不是猜测他人想法，向他人提出那些答案有可能出乎意料的问题，主动创建讨论，营造中立空间去接纳不同观点、有机会激烈地表达分歧。

要做到这一点，归根结底在于我们必须承认，驱逐人和思想是行不通的，也不符合我们的最佳利益。是时候一同出发去寻找其他的选择了。

第七件要尝试的事

营造中立的沟通空间

一个能容纳富有成效的分歧的空间，需要在三个层面保持中立：它必须接纳不同的想法和观点，以便可以引入或听取新的想法和观点；它必须允许人们随着想法和观点的发展，自由地加入和离开对话；它必须为空间本身的特点和文化留出空间，使其适应空间内发生的关系和对话，不断自我演进。我们不妨逐一观察这三个层面，看看它们怎样结合在一起。

应该这么做：确保开放式问题受所有人的欢迎。

中立的空间鼓励开放式的大问题，期待对话迸发各种出人意料的可能性。人人都应感觉能安全、自由地为自己发言，与他人分享自己的观点。

应该这么做：真诚地听取新的想法和观点。

中立的空间可能只短暂地存在，就像 Facebook 上的一篇帖子、一顿晚餐或一通电话。要关注回应不同想法（尤其是不熟悉的想法）的方式。思想的空间应当感觉足够中立，哪怕是会引发焦虑的想法也能得到倾听。

图 7.8　想法和观点

应该这么做：确保新的参与者受到欢迎。

中立空间欢迎不同观点、鼓励分享观点并能在焦虑出现时展开讨论。这意味着它必须欢迎新的参与者，并为他们提供某种形式的"入职"培训，方便这些新来的人自我介绍、有机会适应。中立空间应该感觉像是一次聚会，而非一条生产线。

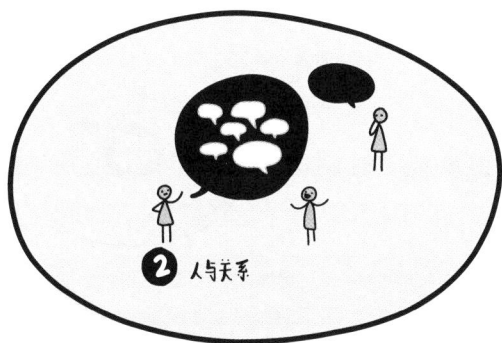

图 7.9 人与关系

应该这么做：鼓励人们随时进入和退出。

外部的中立空间可以是一个物理环境，比如一个场所，也可以是家庭聚餐的一个传统仪式、一家读书俱乐部、一组往来的信件、一个反复发生的事件。无论是不是实体，它都应该让人觉得这是一段可以经受住时间考验的关系或一个共同目标。毕竟，对我们来说最有意义的公司和机构不正是如此吗？它们都是长久的、好客的、允许人们来来去去的中立空间。当你成为这类空间的一员时，你就成了它们的一部分，接受它们的程序、设定和规范。

我们应该像关注空间本身的内容一样关注空间内部相互影响的方式。对话产生的分歧成果的好坏，不仅直接取决于分歧的内容，同样还取决于关注谁在场、谁不在场，以及谁应该受邀参加。

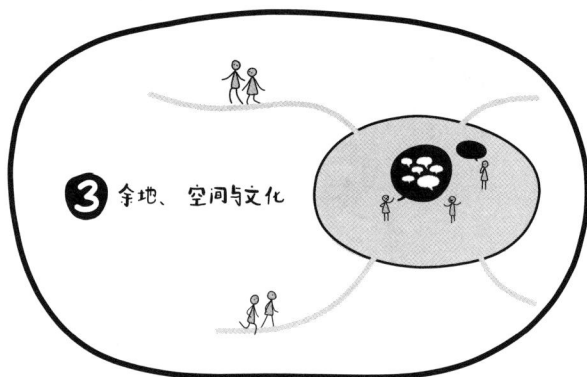

图 7.10 余地、空间与文化

应该这么做：让空间随着时间的推移充满个性和温暖。

能持久存在的中性空间，有时会随着时间的推移在过去对话的基础上累积形成自己的个性。哪怕是一次性的对话也会继承它们所处空间的特质，所以要关注各种空间会怎样增加（或减小）你们展开富有成效的争论的概率。

应该这么做：让对话按自己的节奏发展。

中立空间不会匆匆忙忙地要解决突然出现的冲突，因为这会刺激人们过早关闭对话，甚至从一开始就避免冲突。相反，它欢迎分歧，并认为分歧是对话空间里隐藏着重要东西的信号。这可能是与群体共识矛盾的信息，也可能是一种令某些人感到不适的价值观上的折中，还可能是一种直觉，它认为若经诚实评估，当前的提议不如另一个提议有力量。中立空间允许对话中出现转变，让想法和人获得成长和发展所需的时间和关注，这些时间和关注会带来更强的连接，并且最终会带来更大的包容度去享受彼此之间的对话和团队的想法。

应该这么做：为所有领域（头、心和手）的共存腾出空间。

中立空间始于你自己的思想，你的思想里存储着你最深刻的信念和最强烈的价值观，因为一旦跟其他观点发生撞击，这些就是引发焦虑的打火石。营造中立空间得益于某些对内关注，不管是通过冥想、私人日记还是仅仅从日程表上划出一小段完全属于自己的时间（好让你能去散散步、打个盹儿、看看书或吃些零食）。正是在这些时段，你可以营造中立的空间，让权力、理性和回避的声音大声发言，让人听见。每一种以我们的自动化思考进程为动力的自动声音都有存在的理由，我们的目标不是要关闭它们，一如我们不希望它们关闭与其他人的对话。

不确定性的悖论

一如我们在关于枪支、移民甚至隔夜水的对话中所见，如果分歧发生在中立空间，它会自然结出成长、联系、快乐甚至安全的果实。成长和联系这两点不必做太多解释，但我们尚未充分探讨富有成效的分歧的快乐因素。有一种快乐，在古希腊哲学家口中叫作"aporia"①，它是营造中立空间的关键元素。

人类的不少认知偏差和策略捷径都鼓励我们迅速做出决定，因为思考很难，并且会占用宝贵的脑力。总的来说，这种习惯在进化上对我们很有效，因为依赖社群和文化中的既定答案还有一种额外的好处，那就是能将这些群体的分裂控制在最低限度。

在许多人眼里，苏格拉底是有史以来最睿智的一个人物。然而，当有人问他怎样定义智慧时，他给出了一个相当有趣的答案：

> 我去找了一位看似睿智的人……跟他交谈后，（我发现）这个人在大多数人看来似乎是睿智的，在他自己看来更是如此，虽然他实际上并不那么（睿智）……离开他的时候，我在心底说：我比这个人更睿智。因为我们两个人都不知道什么是高尚和善良的，但他总以为自己知道些什么，其实他一无所知。而我，虽然我也如此，但我知道自己什么也不知道。在这件事情上，我似乎比他更睿智一点儿，因为我不会幻想自己知道那些不知道的事情。13

权力和理性的声音训练我们去相信，正确和胜利是快乐的主要来源，尤其是在分歧的世界里。但可能性的声音有着另一种形

---

① aporia 的本意为迷惘或困惑。——译者注

式的快乐。迷惘是一种感觉，即意识到你所认为的真理之路实际上并不通往真理，通往确定性的捷径已被证明是幻觉。对迷惘的第一反应可能是沮丧甚至愤怒，但如果你换个角度，把它当作一种提示信号，可以使你避免浪费额外的精力去维护信念的虚假确定性，它就有可能摇身一变，成为不乏愉悦的顿悟时刻。

苏格拉底教导说，对话的真正目的是抵达迷惘的时刻——不是决定，不是确信，也不是被证明是正确的，而是意识到自己其实并不知道自己在说什么。

这何以令人快乐呢？它之所以令人快乐，是因为坚守虚假的确定性充满痛苦，也非常困难，并将在未来的道路上产生一些后果。我们都知道那种被逼到死角、意识到自己竟然在捍卫错误立场的感觉——在那个时候，一想到要承认失败，我们就会感到极度羞耻，颜面尽失。然而，如果你是在合作构建争论，发现之前所持立场是错的，就会让你感到愉快，因为你并不会困守于此。你不必承认失败，因为你学到了一些有价值的新东西。

苏格拉底提醒我们，有一种错误的智慧是如图 7.11 这样运作的：

图 7.11 一种错误智慧的运作方式

我们很容易把有答案的人误认为是有智慧的人。这就是"伪装一切，直至成功"的精神。如果你站在一道鸿沟前，看不到另一边，想象出怎样跨越鸿沟的答案，或许会带来智慧的感觉，但苏格拉底认为，不假装自己看到并不存在的答案、承认僵局的存在，这才是智慧。

图 7.12　苏格拉底理念中的智慧

与其带着手里有解决之道的想象跃入深渊，不如承认面前的僵局，承认你还不确定该怎样跨越鸿沟，这样你就可以抵挡虚假的安全感。与其罔顾正确性，抓住任何能抓住的确定性，不如抓住可能性的声音，环顾四周，着手寻找其他你可能错失的方法。

这种策略，不只在评估如何跨越鸿沟时才有帮助。我们每时每刻都在重复这种观察、定位和达成目标的循环。

　　观察：有人撞了你，把咖啡洒到了你身上。他嘟哝着一些你没听清的话，不管不顾地往前走。

　　定位：你的衣服被弄脏了吗？咖啡烫到你的手了吗？那

人嘟哝的话是在侮辱你吗？他的西装是否暗示他认为自己了不起？他是否因为你穿着一件旧 T 恤就认为你不重要？

选项 1：是的；是的；是的；是的；是的。

选项 2：不一定；不一定；不一定；不一定；不一定。

根据你是定位在迅速而确定的选项 1，还是不那么确定的选项 2，你可以跃入焦虑（权力和理性的声音用它来证明你愤怒的合理性，你有可能采取报复行动，也可能在内心酝酿怨念），也可以退后一步，考虑其他解释，它们或许更准确地阐释了撞到你的人的意图。

跃入正义的愤怒是确定的，它将用强烈的情绪驱使你得出结论。

退回原点，对没有解决、兴许不正确的假设重拾好奇心，这样做的确定性没那么大，但也无须强烈的情绪驱使你得出结论。你可以询问那人是否意识到他撞了你，也可以把 T 恤洗一洗，看看它是否真的染上了弄不掉的污迹。

不确定性容易让人感到不满足，因为你没能获得正在寻找的直接答案，但如果你借助不确定性来回避对正义的愤怒和对虚假安全感的需求，那它其实是一条更令人满意的道路——哪怕就在当下也是如此。

8

接受现实，参与其中

事情不会

因一厢情愿和

自欺欺人

而发生改变。

2009 年，非营利组织道德伦理中心（Ethics Centre）和悉尼歌剧院共同创立了"危险思想节"。创立这一节日，是为了让世界各地的顶尖思想家和文化创造者探讨、辩论我们这个时代的一些最重要的，也常被视为危险思想的议题。

第一年举办了两场对宗教持相反立场的演讲。克里斯托弗·希钦斯以名为"宗教毒害一切"（Religion Poisons Everything）的演讲拉开了活动的序幕。[1]紧接着，澳大利亚的罗马天主教红衣主教乔治·佩尔发表了名为"没有上帝，我们什么都不是"的演讲。[2]这样的两场演讲能够同时进行，充分证明一个健康的中立空间可以包容那些有可能被不同听众认为具有攻击性和危险性的观点。在我看来，让这两场演讲一起进行为可能性和对话所创造的空间，比单独发表这两场演讲更健康。

危险思想节对非常广泛的主题展开了讨论。以下是来自过去 10 年①的一些例子：

---

① 本书英文原版出版于 2019 年。——编者注

- "我们的注意力被偷走了"

- "维基解密走得还不够远"

- "教皇应为天主教会的罪恶负责"

- "我们都是性变态"

- "女性的崛起让男人变成了男孩"

　　如果我们通过实践本书所谈到的策略获得了信心，认为随着时间的推移，我们有能力涉足更激烈、潜在危险更大的对话，那么危险思想节将为我们日后遇到的部分挑战提供很好的参考资料（和警示）。

　　给危险的思想一些时间，许多人认为这个观点本身极其危险。如果你觉得它太过危险，请放心，不止你一个人这样——2014 年，危险思想节上发生的一件事对此做了完美的说明。

　　2014 年，穆斯林作家和活动家乌斯曼·巴达尔（Uthman Badar）原本打算进行一场争议性特别大的演讲，题为"荣誉谋杀在道德上是正当的"（Honour Killings Are Morally Justified），但思想节主办方在将它列入日程之后，受到各方的广泛谴责，便取消了这场演讲。[3] 他们在声明中说："从公众的反应可以明显看出，演讲的题目让人对巴达尔想要讨论的内容产生了错误印象。"他们取消演讲是因为"危险思想节的目的是激发思考和讨论，而不是简单的挑衅……不管是巴达尔先生、圣詹姆斯伦理研究中心还是悉尼歌剧院，都不提倡荣誉谋杀，也并不纵容任何针对女性的暴力"。

　　Facebook 相关帖子下的 500 多条评论，把原帖撕成了碎片。[4]

你们一定是在跟我开玩笑，这样的种族主义垃圾，你们居然也曾考虑邀请……身为一名澳大利亚白人男性，我感到自己深受这位提议中的演讲人冒犯。不管是谁批准的这位演讲人，我都希望看到主办方解雇他们。你们何其麻木不仁！丢脸啊，真是太可耻了！

他打算讨论民主是多么糟糕，他落后的意识形态应该怎样得到接受。谁能想到，文明人竟然不喜欢谋杀、强奸和压迫呢？是的，显然，是文明人存在"错误的"印象。

巴达尔先生充当发言人的"伊扎布特"（Hizb ut-Tahrir）属于全球公认的恐怖组织，遭到德国和诸多中东国家的禁止。但你们却打算让他发表演讲？哇，哇！

危险思想节举办方最初在邀请巴达尔来时是怎么想的？难道他们是打算纵容荣誉谋杀吗？似乎不太可能，但并非完全不可能。当你读到演讲的题目时，你不难看出它将引发公众的强烈抗议。但这究竟是一种误解还是纯粹的判断失误呢？

我想提前澄清，我认为荣誉谋杀是一种真正可怕的罪行，它针对的是社会中最边缘化和最不受保护的成员（在本例中指的是女性和移民）。如果你还不太熟悉这种行为，以下是人权观察组织对它的定义：

荣誉谋杀是家庭中的男性成员对被认为令家庭蒙羞的女性成员实施的报复行为，通常为处死。女性可能因各种原因成为家人的攻击目标，这些原因包括：拒绝接受包办婚姻、成为性侵受害者、寻求离婚（哪怕是想要跟施虐的丈夫离婚）或（据称）与人通奸。仅仅感觉一位女性的行为"有辱"家庭，就足以促使家人夺取其性命。[5]

这些都是难以想象的可怕罪行，必定会引发几乎所有人的焦虑。让问题进一步恶化的是，这些谋杀不受法律管辖，使女性遭受侵害，而且常常被地方当局忽视；就算当局执行任何惩处，大多也微不足道。联合国报告称，每年大约有 5 000 名女性在这种情况下受害。[6]

荣誉谋杀是家庭通过仪式化的暴力行为，除去一名被认为"玷污"了家族的女性，来"净化"自身名誉。这跟营造中立空间是极端对立的。任何纵容这种行为的人或认为这种行为正当的人，其所持立场对现代社会的大多数人来说都很难理解。

围绕荣誉谋杀这个话题展开富有成效的争论，有没有可能带来成长、联系和快乐呢？权力和理性的声音非常乐于上前一步说：不，不可能。为正义和安全而战，需要争论跳过可能性的声音，直接诉诸暴力！有人濒临死亡，除了动用一切可行手段迅速做出判断并对问题加以纠正，没有任何可以商榷的余地。

然而，用武力解决这个问题很成问题。此类罪行遍布数十个国家，每个国家都有不同的环境、法律体系和文化。联合国设立了人权事务高级专员和消除对妇女歧视委员会，要求各国每隔五年就各种问题的现状提交报告。它可以向特定的国家提出建议，但做不了更多的事情。换句话说，这是一套复杂而缓慢的解决方案，对解决问题来说感觉远远不够。

我们不知道怎样应对复杂而缓慢的故事，因为在默认情况下，我们只会无限期地为其担忧。这是一种极大的消耗。要想摆脱长期解决不了的焦虑，方法之一是责怪自己之外的其他人或其他事，对其生气，然后甩手而去。不幸的是，这样做并不能解决导致这种感觉的问题——它只是免去了我们要为其负责的感觉。权力的声音以这种方式利用愤怒，提升对控制、安全和报复的要求，我们变得越来越愤怒，越来越努力寻找那些我们可以冲着他们大喊大叫的人。快！给！我！停下来！

这通常（至少）是我们的默认反应。还有没有更富有成效的策略呢？

让我们试着重新开启这场对话吧。荣誉谋杀的目的是惩罚群体中不服从的成员，它本身就是一种由权力的声音执行的冲突解决策略。"遵守我们的规矩（关于包办婚姻、性纯洁、离婚等）……不然就有你好看的！"荣誉谋杀是一种策略，旨在驱逐那些挑战了某些国家公认文化规范的"危险思想"。这些"危险思想"认为，女性应该享有选择嫁给谁、跟谁离婚、谁对自己拥有权力的自由。因此，反对荣誉谋杀的理由，跟反对用暴力手段消除分歧的理由并没有太大不同。这一理由允许女性为自己发言，邀请她们进入中立空间，有机会茁壮成长，不必担心性命安危。

反对荣誉谋杀，是一场值得展开的对话。

我们应该和谁展开这场对话呢？谁能为自己发言，为这个话题提供一种新视角？

巴达尔就这一话题的演讲被取消后，他被贴上了偏执狂、厌女症和伊斯兰教激进分子发言人的标签，却没有得到为自己发言的机会。[7] 他受到了许多主流新闻频道、出版物及社交媒体的羞辱。他并未遭到谋杀，但跟许多荣誉谋杀的受害者一样，两者反映了类似的社会动态：因为他危险的思想而毁灭他。但他的想法到底是什么呢？它们真的是公众投射到他身上的那些东西吗？最终，巴达尔接受了 ABC（美国广播公司）新闻电台的采访，表达了他的观点，他在一开始就明确声明：

> 我不纵容，伊斯兰教也不纵容对女性的任何形式的暴力或虐待。我也不纵容私刑追求的正义。[8]

那他为什么给自己的演讲起了这么具有挑衅性的标题呢？他这样说：

> 危险思想节的理念是引出具有挑衅性和争议性的思想。去年，有一场演讲的标题是"杀手也可能是好人"。如果只看标题就对演讲做出假设，我们大概会义愤填膺。但如果我们真正地听演讲者说，那他的意思其实是，斧头杀人狂也有可能改变，成为我们在社会中应该接受的好人。因为演讲者

是个白人，一名 34 岁的美国白人男性，这兴许对他的论证有帮助。看过我演讲简介的人都看得出，它是想要探讨荣誉谋杀背后的观念、假设、预设。当这个议题在西方被提起时，社会想象力会直接指向亚洲和非洲遥远土地上对妇女的石刑。为什么会这样？为什么这么狭隘？如果人们关注的症结确实在于对女性的暴力，那美国国内的家庭暴力对女性的虐待和杀害又怎么解释呢？

正如他所说，他的演讲主要是想向在西方占主导地位的美国听众提出一个令人不舒服的问题：根据美国反家庭暴力联盟的数据，美国国内每天会拨出 20 000 通关于家庭暴力的热线电话[9]，1/3 的杀人案中的凶手是受害女性的伴侣。[10] 既然如此，为什么西方社会急着声讨巴基斯坦、伊拉克、土耳其和阿富汗这类国家发生的区区 5 000 起荣誉谋杀案呢？

本着认识到自身的认知偏差并愿意纠正的精神，我们可以识别出这种模式：妖魔化他人行为，却不愿谴责自身习以为常的行为。巴达尔点破了一个叫人不舒服的案例，还讲述了一些我们不愿意听的东西。我们要么否认他的主张，要么带着好奇心去探索，看看我们能否从中学到些什么。我们给带着某种"外国味儿"的家庭暴力起了不同的名字"荣誉谋杀"，强化了一种观念，即它有别于美国人对女性施暴的方式；它更原始、更野蛮、更值得谴责。这是不是暗示美国的情况没那么糟糕？一如巴达尔所指出的：

如果我们真的关心全面的暴力问题，放眼 21 世纪，没有谁比西方国家更暴力。然而，为了在文化上和政治上对弱势国家和民众发号施令、施加影响，这幅画面完全缺失。

在思考这个问题的时候，你不妨观察焦虑是如何启动的。请注意权力和理性的声音怎样对这些主张做出反应：把问题扔回给他。这不就是"那又怎么说主义"①吗？不管怎么说，"荣誉谋杀"都是一种可怕的罪行，他竟然为之辩解，难道不过分吗？西方社会把穆斯林占多数的国家投射为"他者"，他对西方社会的投射不也一样吗？他就没有一点儿愧疚感吗？采访者试图顺着这条推理思路往下走，便问巴达尔，有些事情是不是争议性太大，无法展开富有成效的讨论。他回答：

> 我不认为有什么议题是争议性太大而无法讨论的。只是人们习惯认为有些来自穆斯林或各少数族裔的议题太有争议性了。如果一位白人男性用同样的标题表达同样的观点，我想大概不会激起同样的反应。社会的想象力很快就会转向穆斯林会怎么做，再加上一个穆斯林男性明显想要为之辩白，于是就产生了一种愤怒。对我来说，这不是我真正想要讨论的主题。在判断（引发争议的）到底是主题本身，还是跟演讲者的身份

---

① 原文是"whataboutism"，这是一种宣传伎俩，它应用一种逻辑谬误，通过指出对手言行不一的地方来削弱其说法的可信度，但并不直接反驳对手的论点。——译者注

息息相关之前，先看看危险思想节上其他所有的主题吧。

"跟演讲者的身份息息相关"这句话，最终让我恍然大悟。只要稍微扫视一下危险思想节上其他的演讲标题，就能看出其他的演讲有着同样具有挑衅性的标题：

- "杀死所有平庸者"
- "为法西斯主义彩排"
- "精神变态推动世界运转"
- "酷刑有必要吗"

有没有这样的可能——如果做演讲的人不对，演讲就有可能变得具有争议性，需要取消呢？演讲的主题是什么真的重要吗？如果上台演讲的是一个真正的杀人犯、精神变态、恐怖分子或者战犯，哪怕只是说说他们早晨的日常活动，这可以吗？我们能够把人和观点分开吗？我们能认识到人可以有许多观点，而观点本身的危险性跟人的危险性不一样吗？

中东国家犯下了美国也在犯，甚至犯得更严重的罪行，美国人却对中东国家感到义愤填膺，这在道德上具备正当性吗？

以下 3 个问题可以帮我们把这个复杂的话题稍做分解：

1. 接纳一种危险的思想和认同它有什么区别？
2. 对自己不认同的思想，我们应该有倾听的意愿吗？如果应该，为什么呢？

3. 我们能够用富有成效的方式对我们不认同的思想进行讨论吗？

头、心和手的领域，可以引导我们穿越这一危险思想，确切地说，它们能带我们穿越所有危险思想。

头的领域：什么是真的？

接纳一种危险的思想和认同它有什么区别？

接纳一种危险思想却不认同它，意味着你愿意倾听它的一种特定版本，以确认它是否与你的想象吻合。公众所声讨的巴达尔的想法，其实并不是他真正想要谈及的主题。接纳一种危险思想却不认同它，在这个过程中，我们仍然可以强烈反对自己对这种思想的理解，同时也倾听别人对这种思想的理解。因为两者不一定是一件事。

关键是保持开放心态：说话者实际所想的东西，有可能与你认为的不一样。这就是为什么我们必须让他们为自己发言，观察那些出乎我们意料的信息。这些信息就是我们本有可能漏掉的新思想。

当我们允许人们替自己为一种危险思想发言的时候，我们仍然有可能与其合作，让对方的论证更有力，同时，我们也保留对其不认同的态度。让一个论点变得更有力，并不等同于让它变得更具威胁性。实际情况往往与此相反。如果我们从前曾把自己的想法投射到了一种危险思想上，那么这种危险思想的威胁性最终有可能变得小于我们自身想法的投射。就荣誉谋杀这一极端案例而言，接受危险思想这一举动，就是在我们的精神餐桌上创造空间，听取巴达尔真正想要讨论的是什么。事实证明，他想要分享的内容，虽不至于纵容荣誉谋杀那么危险，但听起来仍然令人很不舒服。他的演讲原本是要对道德正当性进行批判，而不是为荣誉谋杀辩护。

巴达尔说，他的用意是"解释一种世界观"，这种世界观可能会让人以为，以荣誉的名义杀人"有着道德正当性"，而在这么做的过程中，他还想解释这个问题并不为穆斯林所独有，更涉及为战争、私刑、家庭暴力等赋予正当性这一更大的问题。[11] 他认为，荣誉有可能遭到扭曲，为不道德行为披上虚假的道德外衣。如果我们用荣誉为暴力赋予正当性，最终，我们就能够为许多本应受到谴责的行为赋予道德正当性。比如，一个家庭想要保护自己的荣誉，就可以杀害无辜的女性。要这么说，保护荣誉的概念甚至可以用来为攻击巴达尔赋予正当性。主办巴达尔的演讲让悉尼歌剧院蒙羞，这为我们感受到的愤怒提供了正当性，也为我们针对他采取的报复行为提供了正当性。在这两个例子中，手握权力的人都想要控制权力较小的人，本质并没有什么不同。

有些制度打着道德正当性的旗号，但实际上决定了谁该活谁该死，谁该被当成人对待，谁该被排斥，我们应该好好审视它们。这是一种值得讨论的危险思想。我想说，巴达尔的错误，以及危险思想节的错误，在于低估了误解将引发何等强烈的集体焦虑。权力的声音喜欢乌合之众，尤其是当它自认为有着道德正当性的时候。

当你找到一种思想最睿智的代表时，你能以一种最合理的姿态接纳这种思想却不认同它。邀请最睿智的代表来到桌子旁、房间里或舞台上，是从新的视角看待问题的先决条件，这样听众才能够根据对它的理解做出是否认同的判断。这与吹毛求疵恰恰相反。找到思想最值得一听的代表，把他们请到现场——他们才最有可能洞察你的盲点，填补你的知识空白。

如果我们还没看清一种想法的真实面目就认为它不可接受，我们就会用最恶劣的刻板印象去填满它。如果我们看到某人拥有某种想法，马上就从自己的角度揣测他拥有这种想法的原因，我们会假设他太简单、有缺陷，并根据这些揣测拒绝这一想法。我们并未看到现实；相反，我们拒绝的是自己创造的幻觉，它不会带来成长、联系和快乐。由此错失的机会是无效分歧的真正牺牲品，哪怕我们在那一刻自认为有道德正当性且充满自信。

头的领域带来的主要心得是，要与受邀上桌的人对桌上的事实证据、我们用来探讨它的共同语言和术语达成一致意见。

心的领域：什么有意义？

对自己不认同的思想，我们应该具备倾听的意愿吗？如果应该，为什么呢？

一旦我们在术语上达成一致意见，我们就可以把问题放到心的领域里去考量，这里是分歧真正出现的地方。当我们知道自己对危险想法有什么样的了解，知道了我们所做的权衡（通过要么接受，要么直接拒绝的方式）时，它们对我们意味着什么呢？对这个问题无法通过外部证据来回答，因为这事关个人偏好，包括你对自己的风险承受力和冒险欲望的内部评估。

上大学的时候，我有几个朋友在西雅图华盛顿湖上发现了一座尚未完工投入使用的立交桥。他们喜欢在深夜或凌晨开车到那里，然后从桥上跳入湖中。我自己有些恐高，会尽量推脱这类短途旅行。不可避免地，我会屈从于同辈压力，每隔一阵儿总会陪大家一起去。后来，有一天早晨，我跳下大桥，因为落水的姿势太过笨拙，肩膀脱臼了。朋友们看到我受了伤，把我拖上岸，送我去了急诊室。自此以后，我的肩膀很容易脱臼。长话短说吧，心的冲突（"哪怕我并不想，我也应该跳下桥吗？"）是件私人的事，不是所有人都有跳下桥的欲望。有趣的危险思想更符合我的兴趣，但它也不是符合每个人的胃口。

如果在属于心的事情上存在不同意见，最好的问题是提一些有可能带来意外答案的问题。我们过去是否碰到过一些事件，在这些事件里，有趣的危险想法带来了或好或坏的结果？我们认为什么样的想法是最危险的？是否存在一些可供探索的领域，能带来真正的成长、联系和快乐呢？猴爪会怎样把汲取自危险想法的诚实愿望，变成无疑叫人感到遗憾的事情呢？遏制危险想法是我们的义务吗，还是说，我们认为遏制危险想法会让它们变得更强大？我们还可以邀请哪些有可能提出我们未曾考虑到的有益视角的人来参与讨论？

手的领域：什么有用？

我们能够用富有成效的方式对我们不认同的思想进行讨论吗？

如果我们设法在头和心的冲突中团结一心，说着同样的语言，并有意听取这个问题中隐含的冒险呼吁，那么我们能做些什么来真正取得进展呢？我们怎么做才能在个人生活和日常生活里完成一些类似危险思想节的事情？它到底意味着什么？

我相信，毫无意义的分歧构成了当前对我们的文明和未来繁荣的最大生存威胁。如果我们甚至无法富有成效地切中问题的实质，那么它们拖垮我们也就只是时间问题了。这跟我们对死于衰老的看法很类似。大多数时候，我们说一个人死于衰老，并不是说他死于某种专门坑害老人的新疾病，而是说他衰老的身体无法再恰当地面对日常问题并恢复如初。如果我们的文化患上了"慢性无成效分歧综合征"，我们不会死于一种全新的、比日常碰到的其他任何事情更加危险的威胁，而是会死于常规问题的日积月累，它们会缓慢侵蚀我们文明的基础，直到整套系统崩溃，再也无法恢复。

现在还不算太晚。我们可以开始解决这个问题，投入更富有成效的分歧，而不是为了任何一件事争吵打斗。我们每个人都能承诺以身作则，而不是把责任推给想象中的对手。这意味着向那些哪怕最危险的思想提供空间，邀请那些哪怕我们最不认同的人参与讨论，因为我们只有彼此面对面，才能克服分歧。

第八件要尝试的事

接受现实，参与其中

这是最可怕的一步，因为这意味着真实地踏入现状的河流，允许自己作为不完美、不公正的主体，投入一个并不完美或并不公平的世界。请随身带上下面这份指南（它会提醒你我们已经探索过的问题），然后实践、实践再实践创建富有成效的争论这门艺术。

富有成效的分歧指南

加入能欣赏分歧的社团。将分歧视为收获成长、联系和快乐的机会，而不是需要打压或回避的问题。

1. **观察焦虑从哪里来。**焦虑的火花是我们内心危险思想的标志。注意大火花和小火花的区别。这些都指向我们的阴影，也就是我们试图遮掩的部分。如果不加以解决，这种严厉的判断将无情地投射到他人身上。请和它相处。

2. **倾听内心的声音。**我们大多数人都有内心的声音，分别对应着权力、理性和回避的声音。认识你自己的声音，把它们的建议当成纯粹的建议，而非命令。我们大多数人内心也还有一种平静的声音，对应着可能性的声音。倾听它。如果你觉得自己走到了死胡同，它是能带给你最大帮助的声音。它总是在寻找我们错过的东西。

3. **培养诚实的认知偏差。**认知偏差是没有解药的，但我们可以通过自我反省、多请求他人提供周全的反馈，与自己的认知偏差建立一段诚实的关系。

4. **为自己发言。**不要揣度他人，尤其不要揣度那些来自你不属于的群体的人。相反，从任何一个你有可能妄加揣度的群体中努力寻找一位受人尊敬的成员，邀请他们为自己发言，然后你要做的就是大度地倾听。

5. **提出能带来意外答案的问题。**思考一些开放式的大问题，创造空间，听取不同的观点。通过这些问题能否让回答者诚实和流畅地发表观点，可以判断你的问题的质量。

6. **主动创建讨论。**在争论中搭建问题和机会的证据（以支持头的冲突），提供多样化的视角（以支持心的冲突），针对问题和机会给出提议（以支持手的冲突）。运用猴爪和参与者之间的分歧，识别和讨论各个领域的盲点，让它们变得更好。

7. **营造中立的沟通空间。**中立的空间向人们发出邀请：它引出重大的问题，让争论获得力量，让分歧的果实得以成长。它为视角的转变和拓展创造回旋余地，它不惩罚人，也不羞辱人。它提醒我们，始终保持不确定状态是可行的，在不确定的条件下采取行动也是可行的。

8. **接受现实，参与其中。**我们不能靠一厢情愿和自欺欺人来改变现实。我们躲不开危险的思想。我们置身于这混乱的一切当中，我们的头、心和手都蒙上了一层灰尘。唯一的出路就是闯过去。

这一切的目标，不是全身而退地摆脱分歧，而是真正地投身分歧之中，迎接冲击。

　　我写这本书的部分原因是，发掘创建富有成效的争论这门艺术对我有什么意义。在研究和写作的过程中，一件有趣的事情发生了：突然之间，分歧不期而至！当我不再回避分歧（因为它们无法再引发焦虑）时，我的对话世界扩展到了一整套全新的问题上，在我之前的个人生活、职业生活和私生活中，我甚至从未考虑过它们。我辞去了工作，另找了一份工作，6个月之后再次辞职，投身到一场创造性的职业转变当中。我开始拜访咨询师，以使我的婚姻更稳固，并开启（或者可以说重新开启）有关怎样让我们建立更深刻的联系的问题。我组织了几次分歧聚餐，还做了其他一些实验，交到了（也失去了）几个朋友。有几次，我怀疑自己是否在探索分歧的道路上走得太远。我仍在探索这门艺术，有时，我促成富有成效的分歧的能力，落后于我探索分歧的欲望；有时，我是真的走得太远了，不得不跟人修复关系。我认为富有成效的分歧是艺术而非科学，因为——它实在乱糟糟！我的心得是，打磨这门艺术的确会为我们的生活带来一些潜在的波动，但这没关系。如果我们一直在听从回避的声音，那么一定会出现一些不正常的、需要加以关注的情况。当然，我不可能知道，如果我没有深入探讨这一话题，会发生什么事情。而且，我如今十分清楚，我想捍卫自己现有的信念，所以我可以说，"这一切都值得"这一说法并不完全可靠——虽然我的确认为"这一切都值得"。

我察觉到的自己身上最大的变化，并且我希望本书的读者也能体会到的，就是我温柔地卸下了每一场仗都得去打的负担——不是因为你与世界上的问题脱离了关系，也不是因为你在回避这些问题，而是因为你慢慢地意识到，除了争出谁是谁非，很多时候，我们发言所处的立场，比单纯的政策立场或信念声明所揭示的更为复杂。人们通常认为，接受现实而不是执着于确定性，会让人更加焦虑。但我发现，实际情况往往与此相反。当我们允许复杂性和不确定性进入自己的叙事时，认为自己绝对正确的感觉，以及对方怎会错得如此离谱的困惑，也就消失了。我们不必投入战斗，而是要假设对方跟我们同样复杂，从好奇（"为什么你们选择不给孩子接种疫苗呢？"）而非自以为是（"你这可怕的人！"）的立场重新出发。

我们要看的无非是头、心和手的领域，它们分别对应着什么是真的、什么有意义、什么有用。权力和理性的声音必然要把每一种分歧都变形成一场关于真相的冲突，以便实现事实正确的目标——只有在这个领域，真相才是获胜的证据。把价值观和道德视为纯粹靠数据推动的计算，可能会将关于意义的冲突变成关于真相的冲突。你或许对哪里的汉堡包最好吃有独立的看法，但要是别人通过给你看餐馆评价、对亲密朋友做调查等方式，能够证明你错了，那么你"所相信的事情"会让位于"能获得证明的事情"。长久以来，有关意义的冲突被迫变成了事关真相的更狭义的冲突，因为权力和理性的声音认为后者更方便管理。"不能测量的东西就无法管理"是技术领域的一句老生常谈，人们无数次地用它把关乎偏好和价值观的问题变成了关乎数据和证据的问题。这种做法每次都在一点一滴地剥夺我们的人性。通过开展实验，事关什么有用的冲突，同样也能变形成事关真相的冲突。把决策托付给不偏不倚的算法，实在太诱人了。但我们务必意识到，算法与人存在近乎同样的偏见。跟我们一样，在事关什么有意义和什么有用的事情上，算法其实并不能决定真相。由于委托给实验的做法很方便，同时它还给人们施加了压力，让他们只提出便于检验的方案，因此这对初创企业来说是个常见的错误，纯指标导向型企业的吸引力会逐渐变质。这类公司生产的产品偏向于即时满足，缺乏真正的个性和精神（因为这些是无法衡量的）。

可能性的声音对头、心和手给予同等重视，又因为它是在不追求"正确"的条件下这么做的，安全、成长、联系和快乐的果实才有机会生根发芽。一开始，这感觉很不自然，但如果我们体验到足够的迷惘之乐，它就会开始让我们摆脱保持正确的负担，给予我们拥抱犯错可能性（以及它带来的兴奋！）的机会。就我而言，有了更多空间不做决定，对可能性保持好奇心，而不是立刻抓住第一个安全的答案，激烈地为它辩护，真是让人如释重负。

超能力

当我学会接受现实并参与其中时，我惊讶地发现，从这个立场观察世界，人会感觉焦虑感弱且充满活力。我注意到：

1. 分歧不再是令人沮丧的焦虑愁云。否认不想知道之事的焦虑感消失了，取而代之的是释然，接受自己一厢情愿的想法的消失。

2. 我眼中的分歧减少了，于是我可以留心观察它们，而不是因为它们而大吃一惊。这么做效果很好，因为我一次只能参与少量争论。我可以提前主动而非被动地选择它们，我还可以抵挡住同时参与所有分歧的诱惑。

3. 由于我能够投身于过去让我感到害怕或徒劳的棘手对话，世界变得更宽广了。与此同时，让自己的手、头和心直接参与分歧，我看到了直接受到影响的人，也就是跟我最亲近的人，以及我想要亲近的人。

头的领域：什么是真的？

富有成效的分歧仍然是分歧吗？

如果你还记得我在本书开头给出的定义，"分歧"指的是"两种观点之间不可接受的差异"。如果在我们讨论完所有的事情之后,两种观点之间的差异不再是不可接受的,而是备受期待的,甚至是令人兴奋的,那会发生什么呢?你可以说,这一交流虽然仍然有成为分歧的潜力,但它变成了另一种东西,一种我们几乎没有准确字眼可以形容的关系。或许,称它为一场对话?一轮谈话?仅仅是观点的交流,就能带来一种调和甚至改进的观点吗?说到底,怎么叫它并不重要,我个人更喜欢"富有成效的分歧"这个称呼,因为它抓住了仍然存在其中的潜在的焦虑火花。

手的领域:什么有用?

如果我们不再害怕分歧,而是把它们视为打包在一起的潜在成长、联系和快乐,可以逐一攻克,那会怎样呢?

如果我们不再害怕分歧,那么世界突然就变成了一座充满可能性的宝库。一旦你不再回避分歧,分歧就会明明白白地显现。一开始,你可能会想,解决这些分歧是你的义务,但如果你真的不再认为它们是问题,这个阶段并不会持续太久。分歧成了环境的一部分,就如同一蓬繁茂的灌木里长着的许多黑莓。你不必把它们全都处理掉,享受几颗特别成熟的浆果,很有意义。

心的领域：什么有意义？

如果分歧本身并不可怕，那可怕的是什么？

好吧，这么说吧：世界上有很多可怕的东西！这个世界在许多方面尚未达到我们的期望，在有些情况下，几乎毫无改善迹象。没有成效的分歧或许不再像从前那么可怕，但许多人卡在无效的循环里。这意味着除非有些事发生改变，否则其他人的焦虑和怨念还是与日俱增。政治两极化本身并不是分歧，而是一笔文化上的债务，是因为没有成效的分歧过载运行所导致的疲惫不堪。像种族主义、性别歧视、阿片类药物泛滥、枪支暴力、气候变化、权力滥用等系统性问题不是具体的分歧带来的，而是因为这些分歧困在了没有成效的状态下，或是因为它们被赶下了讨论桌。我们的机会来自帮助它们从困顿状态中脱身，这样我们才能讨论除此之外更有趣的问题。

想象一下，在这样一个世界里，我们不再为气候变化是否真实存在而争论不休，而是致力于共同提出建议，确保地球气候在可预见的未来能够维持我们的生存。

想象一下，在这样一个世界里，我们不再为是否应该允许难民和移民进入美国或其他国家而争论不休，而是致力于尽快更高效地让所有人都过上更高质量的生活。

想象一下，在这样一个世界里，我们不再拘泥于争论谁有资格获得医疗、教育、工资、第二次机会等问题，而是评估各种提案，保证有尽可能多的人获得赡养系统和机会来养活自己和家人，而且不以剥夺他人的赡养费和生计为代价。

从这一点出发，想象一下，在这样一个世界里，当我们需要基本人权、尊重和支持的时候，我们不再为显得有价值而战，而是开展必要的艰难对话，弄清楚该怎样最好地利用时间，将人生有限的时间回馈整个社会和世界。

在着手撰写本书时，这些设想里有很多似乎都是遥不可及、不切实际的美梦。但现在我的看法不同了。我认为，我们不再提出这些问题只是因为权力、理性和回避的声音已经用尽了提问的方式。我们越来越期待，人与人之间的障碍和富有成效的分歧永远存在，并且用这样的期待来解释，不去探求它们的本来面貌是正当的。"可能性的声音"将怎样帮助我们开始把这些障碍看成人类接下来需要关注的事情呢？不管这些可能性要把我们带到哪儿去，这就是我们下一场冒险的召唤。

致谢

　　要不是几位关键人物一路上鼓励我、启发我，我永远也写不出这本书。首先，我要感谢妻子凯莉安，感谢她一直以来给予我的爱和支持。你和我一起走过了这条路上的每一步，探讨了更多富有成效的分歧——实际上，你和我共同创作了本书的每一页内容。

　　感谢我的编辑利娅·特鲁伯斯特，是她第一个鼓励我写出这本书，在我沉浸于严重的自我怀疑（每一个创作过程都少不了这样的怀疑时刻）时，她是我最棒的导师，向我发出了我迫切需要的清醒和良好判断的声音。感谢我的经纪人林赛·埃奇库姆，她引领我完成了本书的每一次修改，包括最初那个就像是太空寓言和日间脱口秀的混搭版。

　　感谢 Portfolio 出版社和企鹅兰登书屋的团队为这本书带来你们的专业知识和热情，也感谢你们帮助我打磨了这些设想，并将它们广为传播。

非常感谢付费创作平台 Patreon 上所有支持我的人，在从灵感乍现到最终完成本书的整整 3 年里，是他们一直鼓励我，向我提供反馈。身后跟着一小群感兴趣又可信赖的朋友，让一切都变得不同。请让我按投入时间长短的大致顺序一一致谢：莎朗·麦凯勒、谢拉·贝克、伊齐基尔·史密斯伯格、安德鲁·布罗曼、托马斯·贝利、克劳迪娅·多皮奥斯拉什、尼尔·埃亚尔、西德尼·马克尔、托马斯·卡德雷拉、托尼·斯塔布尔宾、乔尔·朗廷、亚当·泰特、塞伊·克拉森、凯文·麦吉利夫雷、克里斯蒂安·伊万齐克、阿德里安·兰斯敦、周非凡（音译，原文为 Feifan Zhou）、马丁·麦克莱伦、克里斯·卢克塔－菲什、帕特里克·温克勒、布兰登·施拉格尔、查得·奥斯特洛夫斯基、史蒂芬·赫伯斯特、埃里克·奈杰尔、亚历克斯·萨林斯基、乔尔·赖斯、克里斯·科廷、米尔恰·帕索伊、汤姆·基勒、瑞安·恩格尔斯塔德、奥利维尔·布鲁切斯、曼尼·费尔南德斯、阿尔瓦罗·奥蒂斯、达里奥·卡斯塔涅、戴维·里格比、塞巴斯蒂安·布祖泽克、加里·克鲁兹、乌利塞斯·巴西利奥、莉莉丝、肯·舍费尔、安娜·康斯坦丁诺娃、吉列尔莫·帕拉、娜塔莉·塞姆斯、杰里米·威尔切尔、布雷特·谢尔、伦纳德·林、迈克尔·沙伦、怀亚特·詹金斯、卡伦·巴赫曼、杰斯·欧文斯、谢恩·费拉、布莱恩·奥伯基尔奇、埃默里·卡尔、杰西卡·奥特劳、理查德·麦克马努斯、詹纳·沙米斯、道格·贝尔肖、拉比亚·德兰德·隆、约翰·马诺吉安三世、斯宾塞·汉德利、提维·阿吉雷、温尼·林、卡兰·P. 辛格、利娅·特鲁伯斯特、穆尼尔·艾哈迈德、乔西·穆尔贝里、奥斯卡·布坎南、托比亚斯·杰斯珀森、迪安·库尼、巴斯卡尔·高达、马科斯·西奥罗奇、特雷弗·奥布莱恩、威廉·H.基、伊娃·尚、阿图尔·阿查里亚、阮玉平芳、泰勒·帕尔默、伊万·米特里亚、马特·瓦尔、艾米·诺里斯、查尔斯·朱、丹尼斯·勒贝尔、约书亚·豪威尔、本杰明·康登、纳塔纳埃尔·科德尔、因菲尼特·杰西卡、阿希姆·多玛、韦恩·罗宾斯、西奥汉·里昂、露西·陈、玛丽·马克斯、麦亚·比特纳、瓦莱丽·拉纳德、麦克·弗拉维尔、林妮娅·谭、内森·克劳德、菲利普·詹姆斯、斯特凡诺·桑托里、迈克尔·达克尔、塔尔·拉维夫、凯利·科斯曼、威尔·费希尔、乔治·布伦克列夫、克里斯蒂娜·唐纳森、亚当·沃特豪斯、杰米·克拉布、谢礼亚·戈尔、阿维·布莱恩特、杰森·谢伦、凯瑟琳·海默斯、法比奥·阿莱格里、乔什·桑坦格罗、琳达·彭、布莱恩·王、莫拉·丘奇、卢克·米勒、井上真由子、泰穆尔·阿布达尔、安迪·哈比克、克里斯蒂·本森、凡妮莎·范·辛德尔、克里斯·戴维·帕皮尼、亚当·波西-门多萨、布鲁诺·科斯塔、约翰娜·阿勒马尔姆、迈克·普雷维特、伊丽莎白·库林顿、唐娜·巴克、乔治·邦纳、乌苏拉·塞奇、珍妮弗·兹威克、特洛伊·戴维斯、乔什·赫姆萨思、阿琼·班克尔、卡拉·索恩海姆、艾莉森·厄本、马克·威尔逊、艾米·罗、戴夫·亨特、亨特·沃克、凯莉安·本森、珍妮特·米卡尔·巴贾杰、埃里克·肯尼迪、马修·德乔治、格雷厄姆·弗里曼、迪安·马拉诺、杰森·博贝、梅根·巴恩哈德、弗雷亚·洛博、艾玛·克拉格、布拉德·巴里什、西蒙·达西、塔蒂亚娜·盖雷罗·拉莫斯、威廉·J.斯诺、乔什·鲍恩、保罗·莫里茨、威尔·米塞利、弗兰克·沃赫尔、克里斯托弗·弗莱、本·登科尔、泰勒·霍奇、切尼·米汉·吉奥达诺、乔纳森·格茨、杰夫·费、肖恩·亨尼西、安妮·彼得森、拉里·库巴尔、克里斯蒂安·多博、萨拉·奥伯格、梅根·斯兰卡德、珍娜·迪克森、约瑟夫·恩肖、塞缪尔·萨尔泽、阿里·努尔顿、陈志军（音译，原文为 Chih-Chun Chen）、杰米·麦克黑尔、辛迪·约翰逊、拉杜·吉特亚、daiyi!、内特·沃尔克、唐纳·艾比、C.Y.李、库尚·沙、戴夫·卡多夫、道格·盖格、伊冯娜·伊尔卡、丹尼尔·瑞安·尤因、拉兹米克·巴达扬、马克·皮内罗、阿希姆·米尔亚姆·赫格、伊恩·巴德科、安娜·乌林、阿里克·康利、斯蒂芬妮·冯博特默、德里克·杜克斯、德鲁·莫德罗夫、阿什·阿里、唐·斯利特、阿普丽尔·洛特、刘因（音译，原文为 Yin Lau）、abc、埃里克·博林、格雷格·塔伯、卡勒布·威瑟斯、本特利·戴维斯、丹尼尔·布鲁克希尔、丹尼尔·马里诺、布伦南·K.布朗、理查德·霍华德、朱迪丝·安妮·贝思登、萨巴·穆尼尔、戴夫·麦克卢尔、内特威·萨·马克·范·瑞姆南特、whY Be、阿什利·布莱默、斯蒂芬·布朗斯坦、杰森·加托夫、辛西娅·基夫兰、内特·马恩加德、贾里德·莱利、阿里·特贝卡、亚历克斯·利德贝特、查德·凯查姆、蕾切尔·萨拉、布兰登·王、考得巴德、jj、菲尔·怀特豪斯、罗宾、格雷格·佩利、马修·谢、诺伊尔·奥乔特尼、马克·韦格纳、埃里克·科斯特、卢克·麦克格拉斯、戴夫·沙佩尔、查兹·约翰逊、马努·布加迪、克里斯蒂·本森、萨吉特·甘地、史蒂夫·欧文斯、马雷克、科里·格伦克迈尔、查尔斯·克洛宁、阿普丽尔·奥尔温、斯科特·克劳福德、阿伦·马丁、罗曼·弗洛罗、米拉·克里斯普、乔尼·米勒、史利亚斯·多希、迪潘卡尔·杜塔、凯特·肯尼迪、乔·赫伦、戴维·麦卡里和阿米特·古普塔。

感谢所有自愿参与书中所提及实验的人，也感谢那些意外地被困在这些唇枪舌剑、火花四射的实验里的人。

最后，对本书赖以为基础的一长串作者、研究人员、思想家和实干家，我要致以最深的谢意。对本书具体章节提供了信息和灵感的相关作者和图书清单，请参考延伸阅读部分。

　　以下所有作品，在本书中不见得全都做了直接引用，但它们均以极为微妙的方式对本书所提出的设想做出了贡献。这份书单很长，为便于读者检索，是按照它们与富有成效的分歧有怎样的相关性进行排列的。

第 1 章　观察焦虑从哪里来

Atomic Habits, by James Clear

The Coddling of the American Mind, by Greg Lukianoff and Jonathan Haidt

How to Control Your Anxiety Before It Controls You, by Albert Ellis

The Meditations of Marcus Aurelius, translated by George Long

Tao Te Ching, by Lao Tzu (translated by Ursula K. Le Guin)

The Wisdom of Insecurity, by Alan W. Watts

第 2 章　倾听内心的声音

The Artist's Way, by Julia Cameron

Daring Greatly, by Brené Brown

Free Will, by Sam Harris

The Measure of a Man, by Martin Luther King Jr.

Metaphors We Live By, by George Lakoff and Mark Johnson

Mindset, by Carol S. Dweck

Redirect, by Timothy D. Wilson

The War of Art, by Steven Pressfield

第 3 章　培养诚实的认知偏差

The Decision Book, by Mikael Krogerus and Roman Tschäppeler

The Elephant in the Brain, by Kevin Simler and Robin Hanson

Eloquent Rage, by Brittney Cooper

The Enigma of Reason, by Hugo Mercier and Dan Sperber

The Honest Truth About Dishonesty, by Dan Ariely

An Illustrated Book of Bad Arguments, by Ali Almossawi

Mistakes Were Made, by Carol Tarris

The Righteous Mind, by Jonathan Haidt

So You Want to Talk About Race, by Ijeoma Oluo

Thinking, Fast and Slow, by Daniel Kahneman

The Undoing Project, by Michael Lewis

Weapons of Math Destruction, by Cathy O'Neil

White Fragility, by Robin DiAngelo

第 4 章　为自己发言

Crucial Conversations, by Kerry Patterson, Joseph Grenny, Ron McMillan, and Al Switzler

Difficult Conversations, by Douglas Stone, Bruce Patton, and Sheila Heen

The 7 Habits of Highly Effective People, by Stephen R. Covey

The Signal and the Noise, by Nate Silver

Thank You for Arguing, by Jay Heinrichs

Thinking in Bets, by Annie Duke

第 7 章　营造中立的沟通空间

The Checklist Manifesto, by Atul Gawande

Creativity Inc., by Ed Catmull with Amy Wallace

Deep Work, by Cal Newport

The Fifth Discipline, by Peter M. Senge

The Five Dysfunctions of a Team, by Patrick Lencioni

Give and Take, by Adam Grant

The Gulag Archipelago, by Aleksandr Solzhenitsyn

Nonzero, by Robert Wright

Setting the Table, by Danny Meyer

Sprint, by Jake Knapp with John Zeratsky and Braden Kowitz

Thinking in Systems, by Donella H. Meadows, edited by Diana Wright

Who Moved My Cheese?, by Spencer Johnson

第 8 章　接受现实，参与其中

The Demon-Haunted World, by Carl Sagan

How to Do Nothing, by Jenny Odell

The Obstacle Is the Way, by Ryan Holiday

引言　为何我们不喜欢冲突？

1　Ella Wheeler Wilcox, "A weed is but an unloved flower," *Poems of Progress: And New Thought Pastels* (London: Gay & Hancock, 1911).

2　出自我自己不太严谨的推特调查。Buster Benson (@buster), "3/ The way we argue is ___." Twitter, April 8, 2019, https://twitter.com/buster/status/1115293782491054085.

3　Harvard Medical School, *National Comorbidity Survey*, "Table 2: 12-month Prevalence of DSM-IV/WMH-CIDI Disorders by Sex and Cohort" (Cambridge, MA: Harvard Medical School, 2007), accessed August 21, 2017, https://www.hcp.med.harvard.edu/ncs/ftpdir/NCS-R_12-month_Prevalence_Estimates.pdf.

4　Anne Case and Angus Deaton, "Rising Morbidity and Mortality in Midlife Among White Non-Hispanic Americans in the 21st Century," *Proceedings of the National Academy of Sciences* 112, no. 49 (December 8, 2015): 15078-83, https://doi.org/10.1073/pnas.1518393112.

5　John Mordechai Gottman, *What Predicts Divorce? The Relationship Between Marital Processes and Marital Outcomes* (London: Psychology Press, 1993).

6　Buster Benson, "Cognitive bias cheat sheet: Because thinking is hard," Medium, September 1, 2016, https://medium.com/better-humans/cognitive-bias-cheat-sheet-55a472476b18.

7　Kim Scott, *Radical Candor: Be a Kick-Ass Boss Without Losing Your Humanity* (New York: St. Martin's Press, 2017).

8　Dr. Seuss, *Green Eggs and Ham* (New York: Random House, 1960).

9　涉及普罗米修斯神话的最重要的古代作品包括古希腊剧作家埃斯库罗斯的《被缚的普罗米修斯》和之后的罗马诗人奥维德的《变形记》。

10　James Earl Jones as the voice of Darth Vader in *Star Wars: Episode V—The Empire Strikes Back*, directed by Irvin Kershner (Los Angeles: 20th Century Fox, 1980).

11　厄里斯的神话来自《塞浦里亚》（*Cypria*），这是一首现已失传的古希腊文学史诗（作于公元前 6 世纪或公元前 7 世纪），据信是斯塔西努斯（Stasinus）所写，他可能是荷马的女婿。人们已经发现了一些希腊和罗马的神话学家翻译过的《塞浦里亚》的片段，但并未对其源头达成统一共识。

第 1 章　观察焦虑从哪里来

1　Buster Benson, "Me: Seeking More Interesting Arguments," Medium, July 3, 2017, https://medium.com/thinking-is-hard/me-seeking-more-interesting-arguments-8f46cfe845e5.

2　"Pavlovian Conditioning," in Mark D. Gellman and J. Rick Turner, eds., *Encyclopedia of Behavioral Medicine* (New York: Springer, 2013).

3　写完本章初稿后，我得知有一套"主观痛苦感觉单位量表"（Subjective Units of Distress Scale），它跟焦虑评分方法类似，但采用的是 10 分制量表。

4　Alex Krautmann (@alexkkrautmann), "Today I introduced my

coworkers to the St Louis secret of ordering bagels bread sliced. It was a hit!" Twitter, March 25, 2019, https://twitter.com/AlekKrautmann/status/1110341506802552832.

5　Dan Primack (@danprimack), "Officer, I would like to report a crime." Twitter, March 27, 2019, https://twitter.com/danprimack/status/1110912638723215364.

6　Zipporah Arielle (@coffeespoonie), "First of all, how dare you," Twitter, March 27, 2019, https://twitter.com/coffeespoonie/status/1110971520376098816.

7　Kelly Ellis (@justkelly_ok), "Who told you this was ok," Twitter, March 27, 2019, https://twitter.com/justkelly_ok/status/1110915369286266883.

8　Leon Festinger, *A Theory of Cognitive Dissonance* (Stanford, CA: Stanford University Press, 1957).

第 2 章　倾听内心的声音

1　Eve Pearlman, "The Seven Steps to Dialogue Journalism," Spaceship Media, accessed January 10, 2019, https://spaceshipmedia.org/about.

2　"Talking Politics: The Alabama-California Conversation," Spaceship Media, accessed January 10, 2019, https://spaceshipmedia.org/projects/talking-politics.

3　Daniel Kahneman, *Thinking, Fast and Slow* (New York: Farrar, Straus and Giroux, 2011).

4　"Big Stick Policy." Encyclop.dia Britannica. December 27, 2017. Accessed June 19, 2019. https://www.britannica.com/event/Big-Stick-policy.

5　Hesiod, *Works and Days*, line 202, Perseus Digital Library, Tufts University, accessed May 11, 2019, http://www.perseus.tufts.edu/hopper/text?doc=urn percent3Acts percent3AgreekLit percent3Atlg0020.tlg002.perseus-eng1 percent3A202-237.

6 Harold Bloom, *Herman Melville's Billy Budd, Benito Cereno, and Bartleby the Scrivener, Bloom's Notes* (Langford, PA: Chelsea House Publishers, 1995).

7 Margaret Heffernan, *Willful Blindness: Why We Ignore the Obvious at Our Peril* (New York: Walker, 2012).

8 Margaret Heffernan, "The Dangers of Willful Blindness," filmed March 2013 in Budapest, Hungary, TEDxDanubia video, 14:35, https://www.ted.com/talks/margaret_heffernan_the_dangers_of_willful_blindness/transcript.

第 3 章　培养诚实的认知偏差

1 "List of Cognitive Biases," Wikipedia, accessed May 11, 2019, https://en.wikipedia.org/wiki/List_of_cognitive_biases.

2 "Leadership Principles," Amazon Jobs, accessed May 11, 2019, https://www.amazon.jobs/en/principles.

3 Jeff Bezos, "2016 Letter to Shareholders," the Amazon Blog, April 17, 2017, https://blog.aboutamazon.com/company-news/2016-letter-to-shareholders.

4 这是 Facebook 为其开发者生态系统提出的口号，该口号及对它的解释被收录在了 Facebook 争取上市时的招股书里。对这个口号的解释是："快速行动能让我们创建更多的东西，更快地学习。不过，随着大多数公司的发展，它们会放慢脚步，因为到了这时候，它们害怕的不再是因行动速度太慢而丧失机会，而是因动作太快而出现失误。我们常爱说的一句话是，'快速行动，打破常规'。我们认为，如果你从没有打破过任何常规，那你的行动速度或许还不够快。"

5 "Leadership Principles," Amazon Jobs, accessed May 11, 2019, https://www.amazon.jobs/en/principles.

6 Robin DiAngelo, *White Fragility*: *Why It's So Hard for White People to*

Talk about Racism (London: Allen Lane, 2019), 108.

7　DiAngelo, *White Fragility*, 142–143.

8　Paul Saffo, "Strong Opinions Weakly Held," Paul Saffo: futurist, July 26, 2008, https://www.saffo.com/02008/07/26/strong-opinions-weakly-held.

9　stockvideo100, "Muhammad Ali: Float Like a Butterfly, Sting Like a Bee," YouTube video, 4:28, January 3, 2014, https://www.youtube.com/watch?v=bNpFiZDqcog.

10　DiAngelo, *White Fragility*, 154.

第 4 章　为自己发言

1　Michelle Adams, "What Are the Essential Components of an I-Message?" Gordon Training Institute, May 31, 2012, https://www.gordontraining.com/leadership/what-are-the-essential-components-of-an-i-message.

2　Mike Donila and Jim Matheny, "Presidential Write-Ins Skyrocket in 2016; Names Serious and Silly," WBIR News, November 10, 2016, https://www.wbir.com/article/news/local/presidential-write-ins-skyrocket-in-2016-names-serious-and-silly/51-350803984.

3　Juliette Kayyem, "Anti-Vaxxers Are Dangerous. Make Them Face Isolation, Fines, Arrests," *Washington Post*, April 30, 2019, https://www.washingtonpost.com/opinions/2019/04/30/time-get-much-tougher-anti-vaccine-crowd.

4　Bretigne Shaffer, "No, You Don't Have a 'Right' to Demand That Others Are Vaccinated," *The Vaccine Reaction*, April 11, 2019, https://thevaccinereaction.org/2019/04/no-you-dont-have-a-right-to-demand-that-others-are-vaccinated.

第 5 章　提出能带来意外答案的问题

1　Krista Tippett, *Becoming Wise: An Inquiry into the Mystery and Art of*

Living (New York: Penguin, 2017), 29.

第 6 章 主动创建讨论

1 Kevin Drum, "Nutpicking," *Washington Monthly,* August 11, 2006, https://washingtonmonthly.com/2006/08/11/nutpicking.

2 W. W. Jacobs, *The Lady of the Barge* (New York: Dodd Mead, 1902).

3 Douglas J. Ahler and Gaurav Sood, "The Parties in Our Heads: Misperceptions About Party Composition and Their Consequences," *Journal of Politics* 80, no. 3 (April 27, 2018): 964–81. doi:10.1086/697253.

4 Drew DeSilver, "A Minority of Americans Own Guns, but Just How Many Is Unclear," Pew Research Center, June 4, 2013, www.pewresearch.org/fact-tank/2013/06/04/a-minority-of-americans-own-guns-but-just-how-many-is-unclear.

5 Kim Parker, Juliana Menasce Horowitz, Ruth Igielnik, Baxter Oliphant, and Anna Brown, "America's Complex Relationship with Guns," Pew Research Center, June 22, 2017, https://www.pewsocialtrends.org/2017/06/22/americas-complex-relationship-with-guns/.

6 Sherry L. Murphy, Jiaquan Xu, Kenneth D. Kochanek, Sally C. Curtin, and Elizabeth Arias, "Deaths: Final Data for 2015," Centers for Disease Control and Prevention, *National Vital Statistics Reports* 66, no. 6, November 27, 2017, https://www.cdc.gov/nchs/data/nvsr/nvsr66/nvsr66_06.pdf.

7 Jared Law, "2007.07.26—2000 NRA Convention—Charlton Heston—From My Cold, Dead Hands!" YouTube video, 1:25, May 12, 2012, https://www.youtube.com/watch?v=ORYVCML8xeE.

8 potus08blog, "Barack Obama's small-town guns and religion comments," YouTube video, 1:38, April 11, 2008, www.youtube.com/

watch?v=DTxXUufI3jA.

9　German Lopez, "America's Unique Gun Violence Problem, Explained in 17 Maps and Charts," *Vox*, November 8, 2018, https://www.vox.com/policy-and-politics/2017/10/2/16399418/us-gun-violence-statistics-maps-charts.

10　Lopez, "America's Unique Gun Violence Problem, Explained in 17 Maps and Charts."

11　Drew Desilver, "A Minority of Americans Own Guns, but Just How Many Is Unclear."

12　Jiaquan Xu, Sherry L. Murphy, Kenneth D. Kichanek, Brigham Bastian, and Elizabeth Arias, *National Vital Statistics Reports*, Vol. 67. (Hyattsville, MD: National Center of Health Statistics, 2018.)

13　Xu et al., *National Vital Statistics Reports*.

14　Bruce Drake, "Mass Shootings Rivet National Attention, but Are a Small Share of Gun Violence," Pew Research Center, September 17, 2013, https://www.pewresearch.org/fact-tank/2013/09/17/mass-shootings-rivet-national-attention-but-are-a-small-share-of-gun-violence/.

15　"Firearm Suicide in the United States." EverytownResearch.org, August 30, 2018. https://everytownresearch.org/firearm-suicide/.

16　Lopez, "America's Unique Gun Violence Problem, Explained in 17 Maps and Charts."

17　Lopez, "America's Unique Gun Violence Problem, Explained in 17 Maps and Charts."

第 7 章　营造中立的沟通空间

1　Jerrold McGrath, "The Japanese Words for 'Space' Could Change Your View of the World," *Quartz*, January 18, 2018, https://qz.com/1181019/the-japanese-words-for-space-could-change-your-view-of-the-world.

2　A. W. Geiger, Kristen Bialik, and John Gramlich, "The Changing Face of Congress in 6 Charts," Pew Research Center, February 15, 2019, https://www.pewresearch.org/fact-tank/2019/02/15/the-changing-face-of-congress.

3   Frank Hobbs and Nicole Stoops, U.S. Census Bureau, Census 2000 Special Reports, Series CENSR-4, *Demographic Trends in the 20th Century*, U.S. Government Printing Office, Washington, DC, 2002, https://www.census.gov/prod/2002pubs/censr-4.pdf, 77.

4   "We Are Border Angels," Border Angels, accessed February 3rd, 2019, https://www.borderangels.org/about-us/.

5   Jie Zong, Jeanne Batalova, and Micayla Burrows, "Frequently Requested Statistics on Immigrants and Immigration in the United States," Migration Policy Institute, March 14, 2019, https://www.migrationpolicy.org/article/frequently-requested-statistics-immigrants-and-immigration-united-states.

6   Zong, Batalova, and Burrows, "Frequently Requested Statistics on Immigrants and Immigration in the United States."

7   R. E., "Why Mexico's Murder Rate Is Soaring," *Economist*, May 9, 2018, https://www.economist.com/the-economist-explains/2018/05/09/why-mexicos-murder-rate-is-soaring.

8   Patrick Corcoran, "Why Are More People Being Killed in Mexico in 2019?" InSight Crime, August 8, 2019, https://www.insightcrime.org/news/analysis/why-are-more-mexicans-being-killed-2019.

9   Jude Webber, "After 'El Chapo': Mexico's Never-ending War on Drugs," *Financial Times*, February 20, 2019, http://www.ft.com/content/69346c82-338c-11e9-bb0c-42459962a812.

10   Jason Koebler, "Deplatforming Works," *Vice*, August 10, 2018, https://www.vice.com/en_us/article/bjbp9d/do-social-media-bans-work.

11   Koebler, "Deplatforming Works."

12   Aleksandr Solzhenitsyn, *The Gulag Archipelago*, trans. Thomas P.

Whitney, H. T. Willetts, and Edward E. Ericson, with a foreword by Jordan B. Peterson (London: Vintage Classics, 2018), 615.

13 Plato, The *Apology, Crito, and Phaedo of Socrates*, trans. Henry Cary, M.A., with introduction by Edward Brooks Jr. (Urbana, Illinois: Project Gutenberg), 19.

第 8 章　接受现实，参与其中

1 Christopher Hitchslap, "Christopher Hitchens at the 'Festival of Dangerous Ideas' (FODI)," filmed October 2009 in Sydney, Australia, YouTube video, 1:43:50, https://www.youtube.com/watch?v=kwiHkM126bk&t=240s.

2 George Pell, "Without God We Are Nothing," OrthodoxNet.com Blog, October 7, 2009, https://www.orthodoxytoday.org/blog/2009/10/without-god-we-are-nothing.

3 Alexandra Back and Michael Koziol, "Festival of Dangerous Ideas: 'Honour Killings' Talk Cancelled." *Sydney Morning Herald*, June 24, 2014. https://www.smh.com.au/entertainment/festival-of-dangerous-ideas-honour-killings-talk-cancelled-20140624-3arlb.html.

4 Sydney Opera House. "Sydney Opera House statement on cancellation of Uthman Badar's session at Festival of Dangerous Ideas 2014." Festival of Dangerous Ideas, June 24, 2014. https://www.facebook.com/sydneyoperahouse/posts/10152122119800723.

5 Human Rights Watch, "Item 12—Integration of the Human Rights of Women and the Gender Perspective: Violence Against Women and 'Honor' Crimes," Human Rights Watch Oral Intervention at the 57th Session of the UN Commission on Human Rights, April 5, 2001, https://www.hrw.org/news/2001/04/05/item-12-integration-human-rights-women-and-gender-perspective-violence-against-women.

6 "Impunity for Domestic Violence, 'Honour Killings' Cannot Continue—

UN Official," *United Nations News*, March 4, 2010, https://news.un.org/en/story/2010/03/331422.

7   Back and Koziol, "Festival of Dangerous Ideas: 'Honour Killings' Talk Cancelled."

8   Hizb ut-Tahrir Australia, "Uthman Badar Interview with Tracey Holmes (ABC News Radio) Re FODI Speech," YouTube video, 6:05, June 25, 2014, https://www.youtube.com/watch?v=buR23MiXZ_Q. 除非另有注明，否则巴达尔的言论均引用自该采访。

9   "Statistics," National Coalition Against Domestic Violence, accessed May 14, 2019, https://ncadv.org/statistics.

10 Emiko Petrosky et al., "Racial and Ethnic Differences in Homicides of Adult Women and the Role of Intimate Partner Violence—United States, 2003–2014," Centers for Disease Control and Prevention, *Morbidity and Mortality Weekly Report* 66, no. 28 (July 21, 2017), https://www.cdc.gov/mmwr/volumes/66/wr/mm6628a1.htm?s_cid=mm6628a1_w#T1_down; "Facts About Domestic Violence and Physical Abuse," National Coalition Against Domestic Violence, 2015, https://www.speakcdn.com/assets/2497/domestic_violence_and_physical_abuse_ncadv.pdf.

11 Carolyn Strange, "Are 'Honour' Killings Really Too Dangerous to Be Discussed in Public?," *Guardian*, June 25, 2014, https://www.theguardian.com/commentisfree/2014/jun/25/are-honour-killings-really-too-dangerous-to-be-discussed-in-public.